AF289023

Über dieses Buch...

...ist im Inhalt alles gesagt – Entschuldigung – geschrieben.
Für die mäßig interessierte Leserschaft, sei hier kurz vermerkt:
Krimis kann jeder, will jeder, hat jeder und jeder Verlag im Programm.
Biographien, Koch- Diät- und Gartenbücher, ebenfalls.
Auch ich habe mein Haus damit dämmen können.
Aber ein Buch, woran weder ein Verlag noch ein Autor was verdient ist
eine Rarität. Dieses Buch gehört zu dieser Gattung, sowie mein
Erstlingswerk : ' Das alte und neue Temperament '
Geringe Stückzahlen erbringen hohe Dividende, wobei - vielleicht eher in
individueller Natur oder in 200 Jahren, wo man meine Werke vielleicht
mal würdigt.
Wirklich wichtig war mir der Aufruf nach mehr Demokratie, Klimaschutz
und gesellschaftlichen Zusammenhalt.
Themen, die auch jeden Lesenden bewegen sollte. Wie weit Sie mit mir
mitgehen können, sei, natürlich, Ihnen überlassen.
Viel Spaß beim Lesen.

Jörg Müffelmann ist verheiratet und lebt mit seiner Frau und den
gemeinsamen Kindern in Hamburg.

Weitere Verse sind in Arbeit. Es gibt noch so vieles zu sagen, bzw. zu
schreiben.
Man darf gespannt sein.

Jörg Müffelmann

Deutschland ein Trauermärchen

**Gedichte
und Kurzgeschichten**

2024

Impressum

Bibliografische Information der Deutschen Nationalbibliothek:
Die Deutsche Nationalbibliothek verzeichnet diese Publikation
in der Deutschen Nationalbibliografie; detaillierte bibliografische
Daten sind im Internet über http://dnb.dnb.de abrufbar.

© 2024 Jörg Müffelmann
Technischer Beistand: Nico Müller
Verlag: BoD • Books on Demand
GmbH, In de Tarpen 42, 22848
Norderstedt
Druck: Libri Plureos GmbH,
Friedensallee 273, 22763 Hamburg

ISBN: 978-3-7597-7639-6

Widmung

Für (An) alle Menschen,
denen das Empfinden noch nicht verloren gegangen ist.

Liebe Leser

Erst einmal : Vielen Dank für Ihren Kauf !

Als unbekannter Autor ist es sehr schwer, eine interessierte Leserschaft zu finden, vor allem, wenn es sich auch noch um Lyrik handelt, die in einer Buchhandlung nicht mal mehr einen Platz zugewiesen bekommt, außer es ist wieder ein Goethe - oder Schiller - Jahr.
Und das im ehemaligen Land der Dichter und Denker.
Aber noch schwieriger und man kann schon sagen schon fast unmöglich ist es, einen Verlag zu finden, der einen, ohne Eigenfinanzierung, den Weg zum Buch ermöglicht.
So versuche ich es halt wieder einmal mit dem Selbstverlag. Bei meinem ersten Buch, ist es mir auch leidlich gelungen.
Umso mehr freue ich mich, wenn Sie sogar ein Neuleser sind und danach vielleicht mein Erstlingswerk dazu erwerben. Es lohnt sich durchaus, jedenfalls behaupten es einige Leserinnen und Leser.
Einer Frau aus Amrum, zum Beispiel, gefiel das Gedicht ' Die kleine Lumme ' so gut, dass sie es ihrer Freundin, die ihr dieses Buch einst schenkte, rezitierte.
Geschrieben hatte ich das Gedicht für den Sohn eines Freundes von mir, dem es ebenfalls sehr gefiel.
Oder einer Leserin, die in der Schweiz wohnt und das Gedicht ' Das Café ' als ihren Favoriten ansah.
Liebe Grüße in und an die Schweiz.
Aber noch rührender war der Brief von Antje, die in Reimform mir, hier ein Auszug, folgendes schrieb:

….
Ich musste so weinen, es ging mir so nah,
diese Epochen waren bei mir so nah,
das Erleben der Frau mit dem roten Kleid,
die kenn' ich genau, machte vor mir nicht Halt!...

Ich verneige mich vor Dir und drücke Dich dann.
Du bist der tollste Garten- Dichter- Mann

Allein das ist der Grund, warum ich auch dieses Buch geschaffen habe.
Danke also auch der kleinen Fangemeinde.

Eine Anmerkung vorweg zum Titel und der Gliederung meines Buches:

Dieses Buch ist, ebenfalls, in zwei Teile geteilt.
Allerdings in Gedichte und in Kurzgeschichten.
Mir ist bewusst, dass ich kein Heine bin, aber allein der Gedanke etwas zu verfassen, das ein Mensch vor 180 Jahren in ähnlicher Form verfasst hat, wo es auch um bestürzende politische Umbrüche und Zensur ging, ließ mich einfach nicht mehr los.
Ich hoffe, dass wir nicht wieder dahin kommen, weder in Deutschland, Europa und auch sonst auf der Welt.
Die Demokratie ist , wenn nicht die schnellste, aber fairste Regierungsform, die es bisher gibt. Dafür lohnt es auf die Straßen zu gehen. Zuschlagen kann jeder, aber in der Handreichung liegt die wahre Stärke.

Wenn eine Gnu-Herde, statt vor dem Löwen wegzurennen, sich ihm gemeinsam stellen täte, dann hätte der Löwe und die Hyänen und Schakale keine Chance. Sie würden einfach umgerannt.
Wir sollten zusammenhalten! Gegen jede Form von Ungerechtigkeit.
Deswegen dieses Gedicht, deswegen auch die anderen Gedichte und die Kurzgeschichten!

Aber nun lasse ich Sie mit dem Buch allein

Viel Spaß beim Lesen

Inhalt

Deutschland ein Trauermärchen

Angelehnt an – richtig – Heinrich Heine
Will ich darstellen die Sicht auf Heute und die Meine.
Da ich aber nie im Exil gelebt
und mir, soviel zu schreiben, widerstrebt,

Verfasse ich nicht fünfhundert Strophen in 27 Kapitel,
Übernehme aber gerne einen Teil von seinem Titel.
Ich reise auch nicht wirklich von Land zu Land
Genügend Eindrücke ich in den Medien fand.

Schließlich sind, 180 Jahre seitdem vergangen,
Als die ersten Leser seine Schriften verschlangen.
27 Kapitel täten aber gut zur Anzahl der EU- Staaten passen,
Doch müsste ich mehr Strophen als Heine dann verfassen.

So reise ich halt nur durch Deutschlands Bunde,
Groß genug ist hier schon der Menschheit Wunde.
Sie spiegelt sich auch in Europa wieder,
Ach, was sag' ich: überall erklingen dieselben Wehe-Lieder.

Caput 1

Die Monarchie ist zwar abgeschafft,
Doch haben Klerus und Adel vieles beiseite gerafft.
Gründungen von Stiftungen zeugen davon,
Mit der Hoffnung, dass eines Tages wieder der Adel
                         steigt auf den Thron.

Das ich damit nicht allzu falsch liege,
Zeigen Adelsberichte von Geburten, Hochzeiten und Intrige.
Und für mich unverständlich (unerträglich),
                   der Kult um den Tod der Queen
Den ganzen Tag war, weltweit und live im Fernseher,
                   die Bestattungszeremonie zu seh'n

Der Tod von Gorbatschow, war nur eine Randnotiz.
Doch hat er für uns mehr erreicht und das ist partout kein Witz,
Durch ihn war der kalte Krieg, nach über 40 Jahren vorbei,
Wiedervereinigung, endlich waren die Deutschen wieder frei.

Abrüstung von allen Seiten,
Demokratien taten sich im Osten ausbreiten.
Die EU wurde größer, Handel wurden getrieben,
' Vertrauen schaffen ohne Waffen '- ganz groß geschrieben.

Und doch wurde Gorbatschow von uns schlicht vergessen,
Denn er hatte keinen Glimmer besessen.
Es gibt keine Märchen über Parteifunktionäre,
So ich mir das Phänomen erkläre.

Heine würde sich im Grab' umdrehen,
Hätt' er es mit angesehen.
Auch mit dem Rechtsruck tät' er sich schwer,
Lernt denn keiner aus der Vergangenheit mehr?

So viele Menschen wurden im letzten Jahrhundert
Und das ist etwas, was mich wundert,
Um ihre Jugend, Freiheit und Liebe betrogen,
Trotzdem es neulich viele hat bewogen

Rechts zu wählen,
Demokratie scheint viele mehr zu quälen,
Als Diktatur, Gräueltaten, Hass und Verfolgung,
Obrigkeitsgehorsam und Ausgrenzung

Warum ist der freie Geist immer noch Utopie,
Warum ist Kapitalismus heilig, alles andere Idiotie,
Warum ist Teilen eine Pest,
Warum schmeißt das Kuckuck - Junge alle anderen aus dem Nest?

Weil es, es kann!!

Mittlerweile sind es aber nicht mehr vier oder fünf Konkurrenten,
Sondern Hunderte und soviel Kraft kann es nicht mehr aufwenden
Und teilen wird somit eine Pflicht,
Ob es uns gefällt oder nicht.

Caput 2

Als ich dann durch die Berge fuhr
Sah ich viel Grün, nur vom Schnee keine Spur.
Die Gletscher fort, nur noch Geröll und Schlamm,
Weiße Plastikplanen lagen auf den kümmerlichen Resten, ganz stramm.

Welch' armseliger Versuch, zu retten, was nicht zu retten ist.
Als Ende der Gletscher gilt vielleicht noch eine Zehnjahresfrist.
Aber dafür haben wir Hotels und Massentourismus auf jeden Gipfel
Und, natürlich, 5G auf jedem Wipfel.

Mit Kunstschnee wird die Realität ausgeblendet,
Denn wenn der Spaß auf den Bergen endet,
Verschwinden nicht nur die Touristen,
Sondern auch die Menschen, die all' die Jahre gelebt haben von den Pisten.

Der Niederschlag fällt auch im Winter oft als Regen,
Schlamm und Geröll werden sich auf die Siedlungen zubewegen.
Der bayrische Ministerpräsident wird den Grünen die Schuld dafür geben,
Das es keine Winterspiele mehr wird geben.

Klimakleber sind Terroristen im Freistaat,
Grüne und Linke nicht viel besser, aber die rechte Saat,
Mit der kann man anscheinend leben.
Darauf lasst uns noch eine ' Mass ' anheben!

Bei soviel löblicher, bayrischer Selbstkritik,
Zog ich mich deprimiert aus dem Land zurück.
Machte mir so meine Gedanken,
Über die angeblich gefallenen Landesschranken.

Denn, wenn immer die Gleichen regieren,
Weil man Angst hat, das Gewohnte zu verlieren,
Wo sind die Bayern dann denn frei?
Die Monarchie und die Kurie liegen, anscheinend,
                    in Bayerns Köpfen schwer wie Blei

14

Caput 3

Seit Jahren warnt die Wissenschaft,
Das der Mensch überall nur Leiden schafft.
Selbst die Bibel ist voll von solchen Geschichten,
Biblische Plagen, Sintflut und himmlischen Gerichten.

Und doch scheint der Mensch die Gabe zu besitzen,
Alles auszublenden, alle Probleme auszusitzen.
Erst, wenn nichts mehr geht, kommt er in Gang.
Die Schuldigen sind fort, die kann man nicht mehr belang'

Erst, als der Rhein war ein totes Gewässer,
Wurden die Abwässer gefiltert und alles besser.
Das Gleiche geschah mit der Luft und dem sauren Regen,
Erst durch Filteranlagen tat sich das Waldsterben legen.

Doch schlauer sind wir nicht geworden,
Benehmen uns wie Heuschrecken- Horden.
Grasen alles ab an Bodenschätzen,
Der Planet ist schwer am ätzen.

Das Grundwasser sinkt im Pegel, für uns tut's noch reichen,
Pflanzen und Tiere müssen aber schon vielerorts weichen.
Bäche, Seen, Flüsse, auch der Rhein,
Liegen trocken, die Loreley hör' ich schon schrei'n:

„ Einst war ich ein Fels im Fluss,
Gefährlich, für die Schiffer, mein Lied ein Muss.
An den Hängen wuchs der Wein,
Ödnis wird jetzt bald ringsherum sein.

Und doch wollt ihr mir zu Füßen noch mehr Wasser abgraben,
Um alte Kohlegruben, größer als der Bodensee zu laben.
Ein riesiges Erholungsgebiet aus Garzweiler mal werden soll,
Weit über 40 Jahre wird es dauern, bis es mal wird werden voll.

Kein Mensch kommt dann noch zu Besuch,
Auf mir liegt dann der Vergessens - Fluch.
Diesmal kann Gevatter - Rhein nicht mehr gerettet werden,
In ihm grasen vielleicht noch ein paar Schafherden."

Dies war einst unsere Lebensader, vieler Menschen Lebensglück.
Betrübt zog ich mich vom Rhein zurück.

Caput 4

Auf dem Weg in Richtung Norden, um Darmstadt herum,
Wurden Vogellaute plötzlich stumm.
Viele Bäume waren tot, oder lagen im Sterben,
Hier gab es für die Förster nichts mehr zu erben.

Meine Fahrt ging über Frankfurt am Main,
200 Kilometer Strecke – dachte ich, das kann nicht sein
Und doch – auch hier das gleiche Bild:
" Betreten des Waldes verboten!", stand auf einem Schild.

Lebensgefahr durch stürzende Totholz - Bäume!
Wo sind geblieben, die grünen Erholungsräume?
Die CO_2- Speicher, die grünen Lungen,
Die wir als Kinder haben besungen?

So stand ich da, im einst dichten deutschen Wald,
Wo der Cherusker - Fürst, die Römer erwischte eiskalt,
Legte mich müde an einen alten Baum,
Schlief ein und hatte einen wilden Traum:

Caput 5

Ich war am Wandern in genau in diesem Wald,
(wie vor zweitausend Jahren), war es feucht und kalt.
Raben flogen durch die Luft und es war ein Moderduft...
Ein Mann entstieg vor mir aus seiner Gruft.

„ Heil Dir, mein Arminius !" ,so sprach ich ihn an,
Wer anderes sollte es sein, als eben dieser Mann.
Mit einem irritierten Blick kam er auf mich zu:
„ Wo bin ich, und vor allem, wer bist Du?"

„ Wo sind Varus und seine Legionen, wo meine Mannen ?
Wieso stehen hier nur tote Eichen, Fichten und Tannen ?
Bist Du ein Römer, ein Späher, ein Spion?"
Währenddessen berührte seines Schwertes Spitze meinen Brustkorb schon.

Voller Entsetzen trat ich ein Stück zurück:
„ Nein, nein mein Herr, Ihr irrt zum Glück!
Ich bin nur zufällig hier vorbeigekommen
Und, von Eurem Erscheinen, noch ganz benommen."

Er beäugte mich von allen Seiten,
Darauf ließ er das Schwert in seine Scheide gleiten.
„ Mir scheint: Du hast recht, Du bist nicht von hier,
Deine Kleidung ist alles andere, nur keine Zier.

Woher kommst Du und wo willst Du hin?"
„ Um ehrlich zu sein, weiß ich gerade nicht, wo ich bin.",
Antwortete ich ehrlich. „ Und wo ich hin will, weiß ich auch nicht.
Bisher war meine Reise trostlos, jedenfalls aus meiner Sicht.

Und Varus, samt seinen Legionen, wurden von Dir geschlagen,
                                                            sie sind danieder.
Euer Sieg über Varus ist Geschichte und findet sich in Liedern wieder.
Varus Schande wurde bis nach Rom getragen,
Dort hörte man Cäsar jämmerlich klagen:

„ Varus gib' mir meine Legionen wieder!", so hat es Tacitus beschrieben.
Vom Schlachtfeld selbst ist nicht viel geblieben.
Ein Denkmal hat man Dir zu Ehren erstellt,
Dein Name wurde ' angepasst ', man kann auch sagen, entstellt.

Jetzt bist Du Hermann der Germane
des aller Deutschen Ur - Ur Ahne.
Seit zweitausend Jahren suchen wir nach Dir
Und ausgerechnet ich, finde Dich nun hier!"

Arminius wurde während meiner Worte blass und blasser,
Trat an eine gemauerte Quelle und trank ein Schluck Wasser.
„ So lange ist die Schlacht schon her?
Dies zu glauben, fällt mir schwer."

So erzählte ich ihm aus meinem dürftigen Wissen.
In fünf Minuten hatte ich die letzten zweitausend Jahre umrissen.
Er schien zufrieden mit meinem Bericht,
Aber betrübt über so wenig Zuversicht.

„ Ich habe für alle Menschen gekämpft, für deren Freiheit
Ich wurde römisch erzogen, aber nicht im Sinne von Gleichheit.
Als Kinder wurden wir als Friedenspfand entführt,
Damit kein Widerstand sich bei unseren Stämmen rührt.

Und damit meine ich nicht nur uns Kelten, Alemannen und Cherusker,
Sondern auch die Ägypter, Mauretanier, Araber und Judäer.
War mein ganzes Wirken, Streiten und Schlagen
Umsonst? - Das zu glauben ist kaum zu ertragen!

Ich wollte kein Germane sein, kein Führer, kein Held.
Ich tat es auch nicht aus Gründen, wie Macht und Geld,
Sondern aus purer Verzweiflung, aus Hungersnot,
Denn das veränderte Klima brachte uns den Tod.

Bei den Römern waren wir nicht willkommen.
Man hat uns nur als Barbaren gesehen und als Sklaven genommen.
Und was ist mit dem Wald geschehen,
Mit dem Klima, wie weit wollt ihr bloß noch gehen?

Was habt Ihr nur aus mir, aus Euch gemacht?"
Ausgerechnet jetzt war ich aus dem Traum erwacht.
So ließ er mich mit der Frage allein.
Was könnte wohl meine Antwort sein?

Caput 6

Ich trottete, mit Unbehagen, den Weg zurück,
Fuhr nur noch ein kleines Stück,
Dann kam ich am Kölner Dom vorbei,
Wo es seit längerem gibt Schererei.

Missbrauch durch Kirchenväter an anvertrauten Kindern
Und keiner tat, obwohl wissend, die Täter daran hindern.
Die Scheinheiligen wurden höchstens versetzt,
Zurück blieben Kinder an Leib und Seele, für immer, verletzt

Ein staatliches Eingreifen in Deutschland wohl verboten,
Dabei wäre gerade hier Rechtsstaatlichkeit geboten.
Wie war das noch? - irgendwas mit : ' Würde ' im Grundgesetz
Aber Kinder (kleine Fische) fallen schon mal durchs Netz

Über zweihundertvierzig katholische, evangelische
Kirchen gibt es hier
Auch fünfundvierzig Moscheen und eine Synagoge stehen im Revier.
Überall wird gebetet, sogar zum selben Gott.
Sie alle leben im und vom ' Ruhrpott '

Und doch können sie nicht wirklich miteinander leben,
Denn jeder glaubt, ihm ist die wahre Legitimität gegeben.
Ich denke an die vergangenen und aktuellen Kriege und Anschläge,
an all' das Morden
Mit Schwermut (Unverständnis) und glücklich Atheist zu sein,
zog ich weiter in den Norden.

Nicht Gott hat den Menschen gemacht,
So habe ich bei mir, im Stillen, gedacht,
Sondern der Mensch hat Gott geschaffen,
Damit es leichter ist, andere und, oder sich selbst dahin zu raffen.

Der Mensch ist wahrlich nicht dumm, nur sehr bequem.
So trägt eine höhere Instanz jede Verantwortung für sein Problem.
Sein Fehlverhalten wird entschuldigt, Schicksal wird höhere Gewalt,
Das Leid anderer, lässt ihn im ' guten Glauben ' kalt.

Und als ' Schisser ' vor dem Herrn,
Denkt man an ein Leben nach dem Tod doch gern.
Ach was wäre das Leben doch fein,
Hätte der Mensch bloß (k)- ein Bewusstsein...

Vielleicht zieht es mich deswegen immer wieder zur Küste,
Weil sie mir Unendlichkeit suggeriert, als ob ich nicht wüsste,
Das die Welt endlich ist, wie mein Leben.
Am Ende werden all' meine Bausteine der Natur zurückgegeben.

Das Leben ist wie mit Lego bauen:
Alles ist möglich – mal schauen,
Wie viel Zeit bis dahin vergeht,
Bis was Neues aus meinen Bausteinen entsteht.

Und so lange sie aber noch zu mir gehören,
Will ich mich über schöne Dinge erfreuen
                    und über Schlechte mich empören.

Caput 7

So bin ich derweil durch Bremen gefahren,
Dessen Stadtmusikanten sind bekannt, seit vielen Jahren

Aufgemacht hatten sie sich, um hier zu musizieren,
Nachdem sie, altersbedingt, nicht mehr
      ' wirtschaftlich ' funktionierten.
Ausgemustert, nach Jahren schwerster Arbeit,
Gab es für deren Pflege kein Platz, kein Geld, keine Zeit.

Ein Problem, dass nichts an Aktualität verloren hat.
In Talkshows immer gerne Thema, doch eine
      Reformation findet nicht statt.
Aber die Wirtschaft erkennt das Potential der Alten,
Heime werden privatisiert, damit Aktionäre Dividende erhalten.

Gestorben wird ungern, doch wenn einer es will,
Dann wird es in der öffentlichen Debatte plötzlich ganz still.
Nicht nur an den Gesetzen wird ständig herum operiert,
Auch an den Alten, bis gar nichts mehr funktioniert.

Hundertzwanzig Jahre kann der Mensch alt werden.
Medizinisch gesehen, davon die meiste Zeit
      mit zunehmenden Beschwerden.
Wie gesagt, da war mal was mit ' Würde '
Je mehr Gesetze aber, desto höher die Hürde.

Früher ließ man die Alten (in Würde) zu Hause sterben,
Auch damals gab es hie' und da was zu erben,
Dennoch wurde der Tod früher nicht kriminalisiert.
Er galt als Freund, er hat das Leiden meist reduziert.

Doch heute wird das Leben losgelöst vom Tod beschrieben,
Dabei gehören sie zusammen, wie zwei, die sich lieben,
Wie Tag und Nacht, schwarz und weiß,
Ja und Nein, kalt und heiß.

Caput 8

Endlich erblickte ich das tosende Meer.
Die Last der Reise wog nicht mehr so sehr.
Hier war die Welt noch im Gleichgewicht.
Weit und breit nur Meer in Sicht.

Kein Waldsterben, keine Altersarmut, kein Klimawandel
Dafür Containerschiffe, die Welt pulsiert, lebt vom Handel.
Das Tor zur Welt greifbar nah.
Reine Seeluft, frischer Fisch, wie wunderbar.

Gut, vom Wasser ist, von meiner Pension aus, nicht viel zu sehen,
Deiche, inzwischen hoch wie Alpen, vor ihr stehen.
Früher hieß die Pension ' Meeresblick ',
Jetzt: ' Zum grünen Deiche '- ach wie schick

Der Meeresspiegel steigt und steigt
Die Wassertemperatur Höchstgrade zeigt.
Die Fische laichen dadurch viel zu früh im Wasser ab,
Da ist das pflanzliche Plankton, als Nahrung, noch viel zu knapp.

Die Jungfische verhungern, die Alten werden überfischt,
Daher wird nichts frisches mehr aufgetischt:
„ Die Berufsfischerei trugen wir vor geraumer Zeit zu Grab,
Da es an den Küsten nichts mehr zu Fischen gab."

So schilderte es mir der Wirt und die heimischen Gäste.
„ Jetzt gibt es nur noch mit Paniermehl verklumpte Formfisch- Reste
Dazu Remoulade, ein Scheibchen Zitrone,
Ideal, schließlich ist alles ohne

Ohne Kopf, Schwanz, Gräten, auch ohne Eigengeschmack,
Wer weiß heut' schon den Unterschied zwischen Scholle,
                                        Dorsch und Pollack
Was man nicht kennt, braucht man auch nicht schützen,
Wen soll Qualität und Nachhaltigkeit denn nützen?"

„ Was ist mit Filet vom Deichlamm – bei den Deichen!
Die müssten bei der Erweiterung, doch für viele Gäste reichen?",
Hört ich mich, nach meiner vorigen Enttäuschung, fragen.
„ Tut mir Leid, ausgegangen seit einigen Tagen.

Unsere Lämmer kommen jetzt aus Neuseeland,
Da sich hier kein Schäfer fand.
Zu wenig Lohn, zu hohe Auflagen.
Die wenige Tiere hier sollen nur zum besseren Image beitragen.

Sie dienen nur zu touristischen Erheiterung,
Zur optischen Täuschung unserer Elbvertiefung und Verbreiterung
Die Gäste der Kreuzfahrtschiffe lieben Idylle, eine heile Welt,
Schließlich bezahlen sie dafür auch eine Menge Geld.

Eine Seefahrt die ist lustig, eine Seefahrt, die ist fein,
Sauber muss die Luft nicht sein.
Und kommt an Ihnen, dem Deichspaziergänger, ein Pott vorbei,
Hoffe ich, haben Sie ein Atemluft- Gerät dabei."

Ich bestellte nur ein Bier und legte mich dann zur Ruh',
Tat, wegen der Desillusion, kein Auge in dieser Nacht mehr zu.

Caput 9

Nicht mehr weit der Weg nach Hamburg, dem Tor zur Welt
Jetzt sind, oder sollen wir noch Weltstadt werden,
                                         für ganz viel Geld
Das Denkmal unseres ehemaligen Landesherren, schon in Sicht,
Doch Handwerker seh' ich nicht.

Auch morgen werde ich keine sehen,
Weil immer wieder und das kann ich nicht verstehen,
Eitle Pfauen, hofiert von Kleingeistern aus Wirtschaft und Politik,
Sich bedienen immer des gleichen Taschenspieler - Trick

Durch mehr Schein als Sein und Ablenkungsmanövern
Können sie immer wieder Menschen ködern.
Die Elphi schon ein tausend-Millionen Grab
ein Klangkörper, den es so, noch nie gegeben hat

Eine Erfolgsgeschichte, spielte sie doch im ersten Jahr
Einen Gewinn ein von einer Million, wie wunderbar.
Nach nur tausend Jahren, allerdings ohne Reparaturen
Rechnet sich der Bau und doch gab es nie böse Karikaturen

Und als die Technik für die Akustik ausfiel,
Wurde klar, ohne Technik verfehlt der Bau sein Ziel
Und dennoch wird er hochgelobt
Sind wir alle schon so versnobt ?

Die Laeiszhalle erbaut vor hundertzwanzig Jahren
Kann sich, bis heute, diese Technik sich sparen.
Durch den Alltagslärm, den Disco – Gängen,
                                         den Handy-Stöpseln in den Ohren
Ging sicherlich, die ein oder andere Frequenz, nicht nur
                                         in meinem Gehör, verloren

Auch Maße ich mir nicht an, ein Musikkenner zu sein
Doch wage ich zu Behaupten, damit stehe ich nicht allein
Denn, wenn im Foyer noch Kräuterbonbons beworben und dann
       in den Taktpausen, knisternd ausgewickelt werden
Bestätigt sich mir, was für Ignoranten, Kunstbanausen wir sind,
                           hier auf Erden

Ist das Stück auch noch nicht ganz ausgeklungen,
Wird auch schon vom Platze aufgesprungen.
Man will ja nicht lange in der Schlange der Garderobe stehen,
Der letzte Bus fährt gleich und man müsste zu Fuße dann gehen

Ich will nicht zynisch sein, --- doch !
Dieser Bau riss ein Riesenloch
Nicht nur in meinen Geldbeutel, sondern in meinen Glauben
Das gewählte Volksvertreter uns nicht ausrauben

Kein Wirtschaftsbetrieb würde sich anmaßen,
So ein Projekt zu vollenden, sie täten es abblasen
Warum steht wohl der soziale Wohnungsbau jetzt still,
Weil keiner unwirtschaftlich arbeiten will

Und jetzt nochmal zurück zum Turmbau zu Babel
Hamburg und sein Landesfürst brauchen ein Label
Schließlich reichen Michel, alter Elbtunnel,
                 Fernsehturm und die Elphi
den ' echten ' Weltstädten nur bis zum Knie

Nicht kleckern, sondern klotzen
Lasst die Bürger, über hohe Mieten motzen
Statussymbole, die müssen her
Warum? - keine Ahnung, aber dann sind wir wer

Bürgerbegehren, Bedenken kann man ablehnen,
Weil wir ja das große Ganze dahinter nicht verstehen
Um von den Nöten der Bürger und deren Unmut abzulenken,
Kann man sie mit einer Aussichtsplattform und
                    Ermäßigungskarten beschenken

Wobei Geschenke sind es ja eigentlich nicht,
                    sind ja unsere Steuergelder
Aber von dort oben, spürt man Größe und man schaut stolz Auf ! -
                    (noch, unbebaute Felder)
Vom Elend da unten, vom Lärm und Dreck
Bekommt man hier nichts mit und das ist der Zweck

Sollte der Turm (was ich hoffe) nicht fertig werden,
Dann hätten wir ein Wahrzeichen biblischer Natur hier auf Erden
Retro-chic aus dem alten Testament, babylonischer Zeit
Eine wahre Pilgerstätte, die Menschen kämen in Strömen
                    von weit und breit

Ich glaube, jetzt bin ich von Heine ganz weit weg
Egal, ich bin ich, das Ganze war eh' nur ein Gag
Kommt mir jetzt noch einer/ -e mit kultureller Aneignung
Und fühlt sich angegriffen in einem Punkt,
                    dann hat er meine Zuneigung

Ich schreibe dies ja nicht zum Spaß
Will aufmachen das eine oder andere Fass
Dafür leben wir in einer Demokratie
Sie wird nie perfekt, aber aufgeben dürfen wir nie

Und solange der Mensch (mich eingeschlossen) nicht lernt dazu,
Gebe ich auch keine Ruh'

Caput 10

Aber soweit wird es wohl nicht kommen,
　　　　　wozu hat Hamburg einen Milliardär,
Der alleine von Hapag- Lloyd dieses Jahr Dividende von drei
　　　　　　　　Milliarden bekommt oder mehr
Und das bei 0,6 % Steuern auf den Gewinn,
Wie gut das ich nicht so wohlhabend bin

Ich könnte sonst vielleicht soziale Ungerechtigkeit darin entdecken
Und das würde wahrscheinlich in mir Scham erwecken
Andererseits, was könnte ich schon dafür,
Das die Stadt, das Land von mir nimmt so eine kleine Gebühr

Und sollten sie mehr von mir haben wollen,
Werde ich einfach den Sack zumachen und mich trollen
Steueroasen gibt es wie Sand am Meer
Wo kommen plötzlich nur diese Gedanken her ??

Und so ergibt auch die Elbvertiefung einen Sinn
Das ich da nicht gleich darauf gekommen bin.
Der Staat, also auch Du und ich, zahlen für das ewige Graben,
Damit es gibt, für wenige, ordentliche Dividendengaben

Hätten wir mehr europäisch als an uns, unserem Ego gedacht
Und einen Deal mit den Häfen von Piräus, Rotterdam
　　　　　　　　oder Wilhelmshaven gemacht
Dann flößen weiter Gelder nach Hamburg rein
Es wäre ökologischer und kein klein auf klein

Größe ist nicht nur äußerer Schein,
Sondern auch groß zu handeln, anstatt klein
Wandel durch Handel ist kaufmännisch weise gedacht, oftmals richtig,
Aber weise zu handeln, wenn sich die Umwelt wandelt,
　　　　　　　　ist mindestens genauso wichtig

Hamburg, meine Heimatstadt, ich muss gehen,
Hab' ich doch noch nicht alles in Deutschland gesehen

Caput 11

Ich zog weiter, in Richtung Norden
Windräder und Solarpaneelen an allen Orten
Nicht schön, doch notwendig, keine Frage, aber sie kamen viel zu spät
Zu viele Jahre zuvor wurden Däumchen gedreht

Aber, wenn man zu lange am Regierungssessel klebt
Man (Frau) sich auch nicht mehr allzu schnell bewegt
Und seit Jahren predigt: es sei fünf vor zwölf,
             bewegt sich nicht mal wie eine Schnecke
Dann fährt der Zukunftszug halt ohne einen, um die Ecke

Keine Stromspeicher, keine Kabel von hier bis in den Süden -
Ach ja, da waren ja die ewig Gestrigen wieder gewählt worden
             von den Wahl-und Lebensmüden
Aber wenigstens hier, an der Nord- und Ostseeküste,
             weht ein neuer Wind
Ein E- Autobauer erstellte ein Werk, mehr als geschwind

Wo gehobelt wird, da fallen Späne
Apropos, wo ich es gerade erwähne
Was ist eigentlich mit Grundwasser-, Boden-, Arten-
             und Arbeitsschutz ?
„ Ist zu vernachlässigen, Hauptsache es gilt der Allgemein – Nutz!"

Mit Allgemein sind die kurzfristigen Gewinne der Aktionäre gemeint
Da sind Wirtschaft und Politik, in Liebe, miteinander vereint
Die Hinterlassenschaften der Probleme sind das Erbe
             der nächsten Generation
Die Verursacher sind dann tot oder in Pension

Die Technik, Wissenschaft wird dann sicherlich eine Lösung finden
Man muss die Jugend der nächsten Generation nur
                        rechtzeitig mit einbinden
Wie war das noch, irgendwo stand mal was mit ' Würde '...
Für das Ungeborene gilt es wohl nicht, das wäre
                für das Heute eine zu große Bürde

Vielleicht liegt die Lösung, nur mal so aus dem Bauch,
Am Sparen von Energie, Material und unnützen Verbrauch
Von Wegwerfartikeln jeder Art
Sinnlosem Prassen, ja das klingt hart

Aber, seien wir mal ehrlich
All die Dinge sind doch entbehrlich
Jeder wünscht sich doch vor allem mehr Zeit
Für sich, die Familie und Freunde, warum also leben
                        völlig Sinn befreit?

Die Kohlebagger werden sicherlich, irgendwann
Hier abgebaut, damit sie in Südamerika und Afrika dann
Die seltenen Erden aus den Boden graben,
Damit wir hier ein grünes Gewissen haben

Doch was soll ich so lange mit einem teuren Elektrofahrzeug,
Wenn der Strom dafür aus der Kohle kommt,
                    was für ein dummes Zeug
Mit dem mobilen Wunderwerk stehe ich, wie bisher,
                    auch nur im Stau
Kein Verkehrs- und Klimaproblem wird damit behoben,
                ist das schlau?

Ist der Ausbau des Schienennetzes und der Bau von modernen Zügen
Nicht den Vorzug zu geben von Bayern bis nach Rügen?
Ach ja, die Bayern, da kam ja immer der Verkehrsminister her
Und der tat sich mit Neuerungen gerne schwer

Caput 12

Mit den Fragen bin ich in Berlin angekommen
Die Ampelregierung hatte sich ja so viel vorgenommen
Ein Lob, ganz ehrlich, an dieser Stelle
Auch wenn ich jetzt den Leser verprelle

Aber ein Sprichwort sagt ja: drei sind einer zu viel,
                    wie das fünfte Rad am Wagen
Und dennoch wollten die drei Parteien, gemeinsam,
                    uns in die Zukunft tragen
Doch, wie immer, stehen sich die Parteien und die Ego's
                    selbst im Weg
Den Wähler, auf den sie sich berufen, gibt es nicht,
                    Wahlumfragen dafür sind der Beleg

Schade nur, dass sie sich gegenseitig Beine stellen
Der Kanzler, in seiner großen Weisheit, uns nicht will erhellen
Auch mal gerne Dinge, aus seinen Bürgermeisterzeiten vergisst
Und den Wähler, es waren ja eh nur 22 %, nicht wirklich vermisst

Während die Vorgängerin mit den Worten: ' wir schaffen es '
                    in die Geschichtsbücher wird eingehen
Wird bei ihm wohl eines Tages: Doppel- Wumms, Bazooka und
                    Hol' dir mal ein Kaffee, Viktor !, stehen
Ein Mann der sprachlichen ' Superlative '
Doch leider schürt er mit seiner Truppe nur die ' Alternative '

Mehr will ich über diese ' A. ' nicht schreiben
Die Demokratie, wie schwer die Zeiten auch sind, muss bleiben!!

Denn nicht die Demokratie ist das Problem, die weg muss,
Sondern der ausufernde Lobbyismus und Kapitalismus
Diese Vereine versuchen, häufig mit Erfolg, die Politik zu entern
Was nur möglich ist, wenn man festsitzt 40 Jahre auf politischen Ämtern

30

Die frühen Grünen in den 1980 iger Jahren,
hatten ein rotierendes System
Damit sie sich nicht bestechlich machten und oder wurden zu bequem
Politik machen für die Bürger/-innen , als Bürger mit Selbstkontrolle
Auf die Straße gehen für Klima, Frieden Homosexuelle

Aber auch Bürger, die aus Kirchen, Vereinen Gewerkschaften
und den Parteien austreten
Und lieber Autokraten, Verschwörer, wie QAnon und andere anbeten
Sind ebenfalls eine Gefahr für die Demokratie
Wie die unkontrollierten Netzwerke und die KI

Soll die braune Soße aus den Köpfen
Darf man nicht den Sozialstaat schröpfen
Sich nicht in Kleinigkeiten verstricken und ewig zanken
Das bringt die Demokratie nur schwer ins wanken

Nicht gegen andere demokratische Parteien hetzen
Und mögliche Koalitionspartner vergrätzen
Demokratische Parteien dann auch noch zu spalten,
Bringt den Abwärtstrend nicht zum halten

Es wird nur noch mehr Wirrwarr geben
Womit noch weniger Bürger können leben
Italienische Verhältnisse machen sich dann breit
Gewählt wird dann die braune Scheußlichkeit

Und die werden nicht kleckern, die werden klotzen,
Wie Trump, gegen jeden und alles wettern und motzen
Dann gibt es kein friedliches Miteinander mehr
Dieser Gedanke, diese Möglichkeit ertrag ich schwer

Nachtgedanken 1843 von Heine

Denk ich an Deutschland in der Nacht
Dann bin ich um den Schlaf gebracht
Ich kann nicht mehr die Augen schließen
Und meine heißen Thränen fließen

Caput 13

So zog es mich weiter in den Osten
Lauter blühende Landschaften, alles auf des ' Wessis ' Kosten
Die Integration ist bis heute nicht geglückt
Vielleicht, weil solche Sprüche, die Seele
                         der Gesamt- Deutschen bedrückt

Was haben vierzig Jahre Grenze aus uns Deutschen gemacht
Wiedervereinigung unter Regie des Westens als ' Siegermacht '
War vielleicht nachvollziehbar, aber ist mit Traumata belegt,
Was viele Menschen im Osten heute noch innerlich bewegt

Dabei haben die Menschen die Wiedervereinigung und
den Aufbau gemeinsam geschaffen
Ausgehend vom Osten, unterstützt vom Westen, ganz ohne Waffen
Optische Mauern niederzureißen war nicht allzu schwer
Doch die aus den Köpfen und den Herzen dagegen sehr

Blumen muss man pflegen (kultivieren),
sonst sind sie eines Tages fort
Und es entsteht Wildnis, bis zu einem braunen Sumpf,
aber nicht nur dort
Wo bleibt der Coach, der uns alle zu einem Team vereint
Der nicht das Gestern, aber auch nicht das Jetzt beweint

Wer nichts macht, macht nichts verkehrt
Ist falsch, denn er hat den Weg für was Neues uns versperrt
Lasst uns es nochmal angehen, wir wissen doch, wie es geht
Sonst wird der Rechtsstaat ausgehöhlt,
Beispiele gibt es doch genug, dann ist es, vielleicht, zu spät

Das Neues einen ängstigt ist normal,
man kann aber die Angst bezwingen,
Sonst würden wir wohl heute noch von Ast zu Ast uns schwingen
Aber anderen Angst zu machen,
indem man mit Fackeln, in Massen, spazieren geht
Und wie zufällig bei Bürgermeistern und Flüchtlingen
vor den Türen steht
Ist des Homo sapiens einfach nicht würdig, denn:
was Du nicht willst, was dir man tu'
das füge auch keinem anderen zu

Und so verlasse ich auch diese, eigentlich so vielfältige,
farbige, liebens - und lebenswerte Region
Die mehr kann, als sie von sich glaubt,
aber beherrscht wird vom braunen Ton

Caput 14

Die ganze bisherige Reise war eine Reise des Beklagen
Aber nun will ich auch mal etwas positives vortragen
Durch Corona wurde Homeoffice plötzlich möglich
Eine Krankmeldung ohne Arztbesuch, wenn auch zögerlich

Der Missstand in der Digitalisierung, Pflege, Katastrophenschutz
Wurde aufgedeckt und liegt nicht mehr blumig unter dünnen Putz
Jetzt heißt es sanieren, modernisieren, Schluss ist mit Vertagen
Wirklich die Zeitenwende einläuten, einen Neustart wagen

Das alte Leben, Denken ist vorbei
Macht Euer Herz und Kopf für Neues frei
Hermann Hesse schrieb in seinem Gedichte ' Stufen '
Darauf will ich mich jetzt berufen:

„ Wir sollen heiter Raum um Raum durchschreiten
An keinem, wie an einer Heimat hängen
Der Weltgeist will nicht fesseln uns und engen
Er will uns Stuf' um Stufe heben, weiten....

Es muss nicht immer erst alles in Schutt und Asche liegen,
Wie nach den letzten zwei Weltkriegen,
Um einen Neuanfang zu beginnen
Der Neustart beginnt von Innen

Wie die zaghafte Rückgabe von Kulturgut
                            aus den ehemaligen Kolonien
Geleitet von der Crew aus Berlin
Was an Bösen einst geschehen ist, wird damit nicht gut
Aber es verringert die angestaute und berechtigte Wut

Gerechtigkeit nur zu fordern, aber selbst nicht bereit sein zu geben
Ist ein Grundübel in unserem Leben
Viele Maßnahmen wurden schon von der Ampel angeschoben
Dafür kann man sie durchaus auch mal loben

34

Ja die Einschnitte sind schmerzhaft und tun auch weh
Ich kenne es, wenn ich, beim Einkauf, an der Kasse steh'
Am liebsten möchte man, von all' dem Schönen,
                    sich was aufs Laufband legen
Doch dieses Ausmaß an Angeboten und meine Gier,
                    macht mich verlegen

Den Kindern brachte man früher noch bei zu teilen
Fair zu spielen, zu helfen, zu trösten, das tat die Verletzungen heilen
Erinnert Euch, die Kinder von früher, das sind wir
Packen wir es an, noch sind wir hier....

Wer jetzt meint nur Protest zu wählen,
Der wird sein Ziel weit verfehlen
Denn diese Partei will nicht in die Zeit vor 2015 zurück,
Wo der Wähler vielleicht wähnt sein Lebensglück

Nein, diese Völkischen, wollen in die 1930er Jahre heimkehren
National-sozial Romantiker, die sich nur um den Führer-Kult scheren
Die dem Rassenwahn verfallen sind und huldigen
Und alle Andersdenkenden verfolgen und
                    für 80 Jahre Schmach anschuldigen

Gebt daher nicht den Glauben an die Demokratie auf
Nehmt Entbehrungen, wenn auch mit murren, in Kauf
Denn wir haben aus der Geschichte gelernt
Sorgt dafür, das die Demokratie wird nicht entkernt

Mir waren jeweils 16 Jahre Kohl und Merkel zwar ein Graus
Und doch halte ich die Demokratie noch länger aus
Vielleicht muss man auf 8 Jahre begrenzen die Amtszeit
Damit es leichter wird loszulassen von der vertrauten Vergangenheit

Aber meine Würde, meine Freiheit ist mein wertvollster Besitz
Und weil Eigentum verpflichtet und das ist kein Witz
Muss ich mich für diese Dinge einsetzen
Weil 8 Milliarden Menschen diesen Besitz
          auch gerne würden schätzen....

Nachtgedanken 2024 von mir

Denk ich an Deutschland und an Heine
So fühl' auch ich mich oft alleine
Doch wenn ich auf die Straßen gehe
Ich doch noch viele Demokraten sehe

Der Fluss

Der eine entspringt aus einer Quelle
Macht um sich keine große Welle
Mäandert langsam vor sich hin
Und doch ist er für seine Umgebung ein Gewinn

Der andere entsteht aus Schmelzwasser
                    eines Gletschers, ganz hoch oben
Seine Wasser, beim Fall, dabei in alle Richtung' stoben
Er reißt mit viel Getöse und Geröll schnell dahin
Und ist ebenfalls für seine Umgebung ein Gewinn

Aus beiden wird ein Bach, dann ein Fluss
Das Bett er sich über Jahre erst erschaffen muss
Andere Quellen schließen sich ihm an
Tiefer, breiter wird er, zieht eine Vielzahl von
                    Lebewesen in seinen Bann

Der eine hat es leicht, kommt schnell voran
Ist kaum gewunden, niemand der ihn aufhalten kann
Ein Durchlaufen, ein wahrer Run

Der andere kommt langsam voran, hat schweres Gelände
Vielleicht türmen sich vor ihm hohe Felswände
Doch schafft er es ebenfalls am Ende

Denn am Ende kommt, was kommen muss
Nach all den Richtungswechseln ist mit fließen Schluss
Dann fließt er, wie die meisten von ihnen, in ein Meer
Gibt all' seine aufgenommenen Sedimente wieder her

So, liebe Leser, ist es auch mit unserem Leben
Auf unsere Reise, von der Quelle bis zum Meer,
Wird es immer Überraschungen geben
Nicht alles gelingt, manches fällt schwer

Der Mensch

Des Menschen größte Errungenschaft ist das Bewusstsein
Dabei ist die Lernfähigkeit aus der Vergangenheit
                     eher dürftig und klein
Mir scheint eher, es wiederholt sich alles in Intervallen
Und das scheint den Meisten auch zu gefallen
Und so trotten wir, wie ein eitler Pfau, doch auf der Stelle
Machen um alles eine große Welle
Am Ende läuft sie einfach aus
Und so wird aus dem Elefantengetöse, das Piepsen einer Maus

Nach ein paar Jahren dann
Sich kaum ein Mensch mehr daran erinnern kann
Vergessen ist die alte Euphorie
Doch erledigt sind die Probleme danach nie
Und irgendwann brechen sie, wie unter einem erkalteten,
                     aber nicht erloschenen Vulkan
Unter hohem Druck, aus dem kollektiven Vergessen wider ihre Bahn
Und der Schutt der Jahre des Vergessens fließt noch zusätzlich
Den Hang hinunter, macht die Welt noch stärker verletzlich

In der Entwicklung von Technik schreiten wir voran
Künstliche Intelligenz führt ganz oben die Fortschrittsliste an
So schnell, das kaum einer ihr mehr folgen kann
Auf Perfektion wird alles getrimmt und dann ?
Wo bleibt der Mensch, der freie Geist, das wirkliche Leben
Das Lachen, Weinen, die Freundschaft, die Liebe, das Geben
Heißt Menschsein sich in der virtuellen Welt verstecken
Um dann, in seinem Bau, einsam zu verrecken?

Wir setzen so viel Energie ein und das ist hart
Für die Vernichtung unserer Art
Und das im Namen der guten Sache
Das es uns mal besser geht – das ich nicht lache
Wir spinnen uns selbst ein unüberwindliches Netz
Aus Regulierungen, Verordnungen uns schlimmstenfalls
endet es in ein Gesetz
Nun sind wir selbst nicht mehr handlungsfähig
Sitzen im selbst gestrickten Käfig

Ich schweife ab, wie so oft in meinen Gedichten
Es gibt einfach zu viele, viel zu viele Geschichten
Eine Nachrichtenflut, die ich nicht mehr in der Lage bin zu erfassen
Und das in einer Geschwindigkeit, die mich lässt erblassen
Ich weiß, wer nicht mithält hat verloren
So werden wir – ich – wie Pferde getreten vom Reiter seiner Sporen
Aber auch dem ausdauerndsten Pferd geht mal die Puste aus
Da holt man auch mit Sporen nichts mehr raus.....

Corona

Corona
Wir mögen Dich nicht sehr

Corona
Das Sterben ist auch ohne Dich schon schwer

Corona
Du bist der Einzige, der noch reist

Corona
Du störst unseren Alleinherrscher- Geist

Corona
Du legst unsere Wirtschaft lahm

Corona
Hast Du kein Gewissen, kennst Du keine Scham

Corona
Du trennst Familien und Freunde

Corona
Du nimmst uns jede Feierfreude

Corona
Du kennst kein Mitleid

Corona
Du machst Dich überall breit

Corona
Du zerstörst wovon Du lebst

Corona
Du weißt selbst nicht wonach Du strebst

Corona
Du hast kein Gewissen

Corona
Die Welt wird Dich nicht vermissen

Corona
Du bist ein Virus, nicht mehr

Corona
Du ähnelst uns doch sehr....

Die selbsternannten Experten

Nie war es für mich so auffällig, wie heute
Vielleicht, weil ich mich bisher davor scheute
Zu Erkennen, wie man wird zum Medien- Star
Erst durch die Corona- Pandemie wurde es mir klar

Als erstes bedarf es eines reißerischen Themas
Und dann beginnt man nach bekannten Schemata('s)
Sich eine Gästeliste zu erstellen
Die das Dunkel, mit Wissen, sollen erhellen

Und dann kamen sie, wie das Virus, aus allen Ecken
Die Virologen, die Experten, aus ihren Verstecken
Erst waren es noch wenige, dann wurden es immer mehr
Alle Medien bedienten sich ihrer, was für ein Heer

Experten stehen nun zuhauf zur Verfügung
Sie dienen als Quotenmacher zur Zerstreuung und Vergnügung
Doch wirklich gehört werden sie selten
Denn in Politik und Wirtschaft tun andere Regeln gelten

Und jeder erzählte aus seinem Wissensschatz
Ich bemühte mich ihnen zu folgen, schuf in meinem Köpfchen Platz
Hielt mich so gut es ging auf dem neuesten Stand
Und war dankbar leben zu dürfen in diesem aufgeklärten Land

Ich mühte mich, weder in Hysterie noch in Gleichgültigkeit
          zu geraten
In Verschwörungstheorien und anderen Abgründen und
          Sümpfen zu waten
Doch wie soll jeder Einzelne bei Stange bleiben
Wenn die Experten sich in den Medien aufreiben

Da werden an Daten gezweifelt, Kompetenzen aberkannt
Neue Expertisen und Experten ernannt
So ist es bei jedem Thema, dieses diente mir nur exemplarisch
Für ein neues Gedicht an meinem Schreibtisch

Nichts für Ungut Euch allen
Den Meisten trifft mein Wohlgefallen
Denn auch ich, das muss ich schändlicher Weise gestehen
Scheine mich als Experten in vielen Dingen zu sehen.....

Corona 2

Talkshows sind gefüllt mit diesem Thema
Sondersendungen nach den Nachrichten auch
Im Radio das selbe Schema
Und ich bekomme ein flaues Gefühl in meinem Bauch

Bei den Ministerkonferenzen wird besprochen
Und mit geeinter Stimme danach gesprochen
Doch kaum ist man aus der Sitzung raus
Bedingt sich jedes Land Sonderregelungen aus

Föderalismus, wohl aber auch Profilierungssucht stehen dahinter
Alle wissen um die zweite Welle, die kommt, wenn es wird Winter
Und doch wird wieder in den Urlaub geflogen
Denn reist man nicht, dann wird man um seinen Fun betrogen

Da werden Urlaube im Eilverfahren eingeklagt
Wo da der Erholungswert drin steckt, wird nicht hinterfragt
Corona- Leugner, Querdenker und antidemokratische Gruppen
Lassen sich, welch Ironie, von Verschwörungsmedialisten
                                     lenken, wie Marionettenpuppen

Was müssen wir hierzu Lande alle leiden
Wie gut geht es doch dem Rest der Welt
Hunger und Kriege sind normal, lassen sich nicht vermeiden
Aber wohin soll ich mit dem schnöden Geld

Nicht mehr Sinn befreit ' shoppen ' können
Oder in Discotheken sich sinnlos volllaufen lassen
Diese Werte uns zu missgönnen
Welch Zumutung, das ist nicht zu fassen

Willst Du erben
Müssen halt die Alten sterben
Nicht umsonst sind Sozialberufe unterbezahlt
                                und gesellschaftlich nichts wert
Ohne Alte und Kranke lebt es sich schön unbeschwert

Ihr habt uns doch geboren und großgezogen
Ihr wolltet doch, dass es uns besser geht
Und jetzt werden wir um unseren Spaß betrogen
Kaum einer der das versteht

Nun bitte nicht erschrecken, das war jetzt Ironie
Aber eins wurde jetzt deutlich in der Pandemie
Wir leben, wie die alten Römer in Dekadenz
Ist eine Krise überstanden, leiden wir an Demenz

So wird es auch nach Corona sein
Ein Leben in mehr ' Schein als Sein '
Es kehrt zurück das wilde Treiben
Und ich werde weiter dagegen Schreiben

(auch wenn es kaum eine/ - r liest)

Das Aquarium

Stelle Dir vor, Du wärst ein Fisch
In einem Becken mit viel Raum
Und stündest auf einer Anrichte oder Tisch
Was um Dich geschieht, interessiert Dich kaum

Auch andere Fische tummeln sich im Becken
Pflanzen wachsen hier und da
Das Wasser klar und sauber, vom Boden kannst Du lecken
Nahrung, Luft und Temperatur, alles einfach wunderbar

Doch langsam, erst mit den Jahren
Verändern sich die Parameter
Die Temperatur steigt an, Fische und Algen
vermehren sich in Scharen
Doch die Konsequenz davon merkst Du erst viel später

Noch beschäftigst Du Dich mit Dir selbst und Deines Gleichen
Baust Nistplätze, kämpfst um Dein immer kleiner werdendes Revier
Nahrung, Platz und Luft werden knapp, es wird nicht
mehr lange reichen
Doch Du lebst immer noch im Jetzt und Hier

Die Zeichen des Kippen des geschlossenen Systems
Wird sichtbar und Du schwimmst immer häufiger an die Oberfläche
Du erkennst nun die Mächtigkeit des Problems
Und womöglich die eigene Schwäche

Ein Verlassen des Aquariums nicht möglich
Eine Umkehr des Problems keine Option
Das Ökosystem, tödlich mit Füßen getreten, ist nun selbst tödlich
Eine totale Selektion

So, wie der Fisch im Becken leben auch wir
Die Erde ist ein großes Becken und wir das Getier

Gekippt

Unser Planet ist wie ein Aquarium
Von Außen betrachtet still und stumm
Wir sind Betrachter und Bewohner in einer Person
Und doch schaffen wie es nicht zur Personalunion

Jeder, der ein Aquarium besitzt oder eines besaß
Weiß um die Pflicht, die Verantwortung und auch den Spaß
Den die Pflicht mit sich bringt

Es bedarf Verständnis, eine sichere Hand
Ein Blick für's Ganze, von Außen auf die Gläser-wand
Auch wenn es so selbstverständlich klingt

Ausgewogenheit an Tieren, Pflanzen, Luft, Licht,
                          Futter und Wasserqualität
Ist unabdingbar, ein Missachten, ein Törichter Fehler –
                          und reagiert man zu spät
Entstehen verzwickte Ablaufketten
Und nichts ist mehr zu retten

Das Becken kippt!

So fühl' auch ich mich, wie ein Fisch im Aquarium
Abhängig vom Pflegenden, der aber blind ist, taub und stumm
Ich kann das Becken aber nicht verlassen
Ich sehe, fühle, wie es kippt, doch lässt der Pflegende
          jede Chance zur Rettung verpassen

Unsere Welt ist am kippen
Wir sind die Pflegenden, aber gleichzeitig die Fische
Lasst nicht nur Bekenntnisse sprudeln von Euren Lippen
Sondern lasst uns handeln, gemeinsam, an einem Tische!!

Goldene Wasserhähne, Seidenlaken auf den Betten
Auch ein Kurztrip ins All wird uns nicht retten
Maßhalten, teilen des Wissens, der Technik, ist das Gebot
Nicht Vorwürfe, Klärung von Schuld und Diskussionen
                    über Freiwilligkeit versus Verbot

Im Sport, der Wirtschaft, der Digitalisierung muss alles schneller,
                    höher, stärker und weiter gehen
Aber in Natur- und Klimaschutz, bei Menschenrechten und das
                    kann wirklich keiner verstehen
Werden Minimalziele umschrieben, mit Glück vereinbart
Da wird am Wille, Geld und Kampfgeist gespart

Doch die Natur ist entfacht, nicht nur das olympische Feuer
Jetzt wird es für uns alle ungemütlich und teuer
Ein Rekord jagt den nächsten, ob bei Hitze und Trockenheit
Bei Regenfällen, Stürmen, Windgeschwindigkeit
Überflutungen, Verlust an Land und Leben
Ein Zurück wird es nun nicht mehr geben

Artensterben, Seuchen, Hungersnöte und Flüchtlingswellen
Versiegende Flüsse, Gletschersterben, Streit um Wasserquellen
Keiner will jetzt mehr : schneller , höher, weiter
Doch das Pferd ist durchgegangen, auf ihm sitzt nun kein Reiter
Wann und wie es zum stehen kommt weiß niemand
Wir hatten unsere Chance – wir hatten es in der Hand

Putin

Was verletzte Sie einst so unerkennbar tief
Das unser aller Leben, durch Ihr Wirken,
      in diesem Jahr so traurig verlief
Ist Ihr Schmerz so viel Leid auf Erden wert
Bringt es Ihnen Genesung, wenn es Millionen
      Menschen Hunger und Tod beschert

Lieben Sie überhaupt Ihr Land – und wenn ja,
Gehören nicht auch Menschen dazu –
      geht deren Leid Ihnen nicht nah
Haben Sie sich diese Fragen auch schon mal gestellt
Oder wurden sie Ihrer eigenen Zensur unterstellt

Wenn Ihre Seele so sehr leidet,
Worum Sie auch keiner beneidet
Brauchen Sie Freunde, mit denen Sie darüber können sprechen
Und nicht Menschen, an denen Sie sich,
      für vergangenes Unrecht, rächen

Freunde sagen einem auch unverblümt die Wahrheit
Selbst, wenn es schmerzt, so bringt sie doch Klarheit
Gerade, wenn man sich oder den Weg verliert
Und hilft - - - garantiert!

Doch was Sie im Spiegel vor sich sehen
Kann wohl keiner wirklich verstehen
Sehen Sie sich als einen Held, einen Kriegsherrn,
      einen von Gott gesandten
Der geachtet, verehrt werden will von Freund,
      Feind und Anverwandten

Oder leben Sie in einer epochalen Vergangenheit
Träumen Sie von einer neuen Zaren - Zeit
Die Geschichtsbücher, aber sind schon voll von solchen ' Egomanen '
Jede Nation hat solche, ob Griechen, Römer, Mongolen, Germanen

Ein Cäsar, der ermordet wurde von seinen eigenen Leuten,
Ein Napoleon, der auf Elba und St. Helena sein Leben tat vergeuden
Ein Hitler, der sich selber richtete
Nachdem er Millionen Menschen vernichtete

Einer mehr in diesen Reihen interessiert heute keinen mehr
Jetzt zählen Helden im Klimaschutz, der Hungerbekämpfung,
                                        hier müssen Ideen her
In Ihnen steckte so viel Potential
Was Sie daraus gemacht haben, stimmt mich sentimental

Was brauchen wir da noch einen Tyrannen mehr
Ich gebe zu, daraus zu kommen ist nun schwer
Aber, was es noch nicht gegeben hat, ist : ein Zugeben eines Fehlers,
                                        ein Eingeständnis
Ein sich der Weltgemeinschaft stellen, selbst wenn man dafür geht
                                        ins Gefängnis

Einen, der seine Schuld und die seiner Hofnarren auch
                                        selbst beim Namen nennt
Einen, der den Internationalen Gerichtshof und sein Urteil anerkennt
Einen, der Amnestie seinen politischen Gegnern gewährt
Damit denen, soweit es geht, Gerechtigkeit widerfährt

Diesen schwierigen Weg zu gehen
Gegen das Böse in sich selbst anzutreten und den Kampf zu bestehen
Ist die einzige Möglichkeit, um noch einzugehen,
                                        wenn auch als tragischer Held
Ein Schluss, der wohl nicht nur mir gefällt

Steckt aber Größenwahn in Ihnen
Kann kein Freund und Rat Ihnen dienen
Vergessen Sie dann mein Gedicht
Wahrscheinlich bekommen Sie es eh nie zu Gesicht

Demokratie

Religiöse und politische Fanatiker wollen sie zerschlagen
Die breite Masse bleibt still, man hört kaum ein Wehklagen
Doch wenn sie sich jetzt nicht wehrt
Dann steht die Frau bald wieder hinter'm Herd
Die Kinder wedeln dann mit Fähnchen und Waffen
Die Männer im Gleichschritt den Despoten nachaffen

Dann hilft kein Jammern mehr und Klagen
Der Despot und seine Schergen haben dann das Sagen
Nicht nur das Recht wird dann gebrochen
Gerne auch der freie Geist und mancher Knochen
Zu sehen ist dies schon in so vielen Staaten
Blühende Landschaften, aber , entstehen nur durch bunte Saaten

Reichtum

Trennt man dieses Wort nach dem t
Ich die Bedeutung ganz anders seh'

Reicht um …..

Reicht um
eine Bleibe zu haben

Reicht um
nicht jeden Wunsch zu begraben

Reicht um
eine Familie zu gründen

Reicht um
mit meinem Sohn einen Drachen zu lenken

Reicht um
meiner Tochter eine Ausbildung zu schenken

Reicht um
der Nachwelt eine Zukunft zu hinterlassen

Reicht um
nicht unnötig zu prassen

Reicht um
glücklich zu sein und Glück zu verschenken

Reicht um
daran zu denken...

Wie reich ich bin

Das ist Reichtum !

Der Fang meines Lebens

Schon als ein kleiner Junge tat ich gerne in Bäume hangeln
Oder ging an die Elbe Fische angeln
Dafür brauchte man nicht nur eine Rute, Haken und Pose,
        sondern vor allem Brot, Würmer oder Maden
Selbst gesammelt, nicht aus dem Laden

Und so zog ich los, im Morgentau, mit einem Spaten
Um nach Würmern zu suchen, in unserem Garten
Schnell wurde ich fündig, ein großer, fetter Wurm
        lag in meiner Hand
Er ringelte sich wild, bis sein Haupt sich zu mir wand
Und er sprach mit mir in deutlichen Sätzen
Ich möge ihn gefälligst wieder in die Erde setzen

In dem Moment, wo ich ihn in meine Dose packte
Ein Frosch, lauthals neben mir, im Grase quakte:
Du hast mir meine Mahlzeit genommen,
Meine Energie, die ich brauche, um zum Laichplatz zu kommen
Meine Kinder werden nie das Licht der Welt erblicken
Und der Teich wird an Algen, von denen sie sich nähren,
        dann ersticken!"
Ich fing ihn ein und steckte ihn in ein Glas,
Da hörte ich ein Zischen neben mir im Gras
Eine Ringelnatter kroch erbost auf mich zu
Und fragte verwundert, was ich da tu'
Seit einer Stunde sei sie hinter dem Bissen her
Wenn das so weiter geht, gäbe es ihre Art bald auch nicht mehr

So fing ich auch sie ein,
Da erblickte ich neben mir ein rotes Bein
Das einem Storche gehörte
Dem ich bei seiner Jagd wohl störte
Er fing auch sofort an sich zu beschweren
Wie soll er seine Kinder ernähren

So langsam wurde mir mulmig, doch ich verstand
Das der Eingriff durch meine Hand
Dazu führen kann, das eine oder mehrere Arten dann
Nicht mehr ungestört leben kann
Ich ließ daraufhin alle drei
An unterschiedlichen Stellen wieder frei

Gleiche Chancen für alle, so habe ich mir gedacht
Ging nach Hause,
Die Fische haben sicherlich über mich gelacht.....

Das Gesäß

Neulich vor mir, beim Spazierengehen
Hatte ich ein schönes Gesäß gesehen
Es wippte auf und ab, in einem gleichmäßigem Takt
Und war, wie ein Geschenk, liebevoll in Stoff verpackt

Bitte jetzt nichts Böses von mir denken
Ich mühte mich ja, mich abzulenken
Sonst gelang es auch – nur in diesem Fall
So perfekt, so knackig, so prall -

Ist mir noch keiner erschienen
Ich weiß, ich tue hiermit alle Klischees bedienen
Aber ich bin halt auch nur ein Mm - Mensch mit Gefühlen
Die bei diesem 3- D Gemälde nicht mehr waren abzukühlen

Es wäre dem Umstand aber nicht gerecht
Würde ich von Ihnen reduziert werden nur auf mein Geschlecht
Schließlich war es wahre Kunst sich so zu bewegen
Das es den kritischen Betrachter, in diesem Falle mich, tat so erregen

Als Naturliebhaber betrachte ich es gar als ein Wunder der Natur
Ein Architekt würde sogar darin erkennen, die perfekte Architektur
Und das ich darüber schreibe und Sie es lesen
Zeigt mir, das die Begegnung nicht war umsonst gewesen

Ich weiß, auch anderen ging es schon mal wie mir
Nur druckten sie es nicht, wie ich, auch noch auf Papier
Doch zu betörend, hypnotisierend war diese Ansicht
diese mit Ihnen zu teilen, sehe ich als meine Pflicht

Es wäre eine wahre Schande,
Solch ein besonderes Ereignis in unserem Lande
Nicht mehr festhalten zu dürfen
Nur, weil man im Anti- Woken, nicht mehr darf schürfen

Über Sonnenauf - und -untergänge
Gibt es so viele Schriften und Abgesänge
Aber was anzüglich klingt und oder ist,
Wird zu recht, find' ich, von vielen inzwischen vermisst

Das dieses Wunder mitverantwortlich war für dieses Gedicht
Das weiß der Rest des Gesäßes wohl bis heute nicht
Und auch nicht :
Das es mir so außerordentlich gefiel
Das ich falsch abbog und verpasste mein eigentliches Ziel.....

Das (eine) Feierabendbier

Ein kurzes Plopp, danach ein leises Zisch
So erfreulich klang es neulich bei mir am Gartentisch
„ Nur Eins, mein Hase, dann ist Schluss !"
„Ja, ja mein Mäuschen, Küsschen und noch ein Kuss!"

Dann ein Gluckern, ein Plätschern, wie an einem kleinen Bach
Dessen Urgewalt, sich einst Bahnen in die Freiheit brach
Und während sich der Quell ins klare Gefäß ergoss
Eine Schaumkrone tosend nach oben schoss

Gewaltig, wie sich das Nass im Glas aufbäumte
Sich danach die Wellen legten, die Blume dabei aufschäumte
So lange eingesperrt in Fass und Flasche
Vielleicht ist das auch des Braumeisters Masche

Ein Feuerwerk zu erschaffen, eine Performance - nur im Kleinen
Für den durstigen, Feierabend - beseelten Einen
Einem, der die Arbeit des Braumeisters zu schätzen weiß
Wenn die Hektik des Alltags schwindet und es draußen wird leis'

Doch kaum im Glas und zur Ruhe gekommen
Wird die Farbe und das Aroma wahrgenommen
Und dann der erste, wohl verdiente Schluck
Was für ein Gaumenreiz, welch gewaltiger Sinnesruck

Tja und dann, wie immer nach solchen aufbrausenden Gefühlen
Sitzen wohl die meisten in sich Ruhenden (nicht ich !)
                              zwischen den Stühlen
Denn ist man erst einmal berauscht, so wollen sie meist mehr
Mir persönlich fällt das Aufhören dann gar nicht schwer

Ich fühle mich genug belohnt und erfrischt

Plopp !! - - „ Hase ?!!"- - - Mist ! Erwischt.....

Das Feld

Ein Feld sah ich jahrelang beackert
Weizen wuchs, im Wechsel mit Raps
Was schöner anzusehen war, kann ich nicht sagen.

War es das zarte Grün, nach der Aussaat,
Oder der nahende Winter,
Wenn Raureif oder Schnee auf ihm lagen?

War es das Frühjahr, wenn die Hasen auf ihm tollten,
Die Rehe, die ihre Kitze in ihm versteckten,
Die Armada an Bienen, die das gelbe Blütenmeer bestäubte

War es das Wiegen der Gräser im Sommerwind,
War es der Geruch des Rapses, das Summen der Insekten
Die goldene Farbe des Weizen, kurz vor der Ernte,
                                    die meine Sinne betäubte

War es das umgebrochene Feld im Winter,
Wie es auf das Frühjahr zu warten schien,
Oder war es die Weite, die mich zu ihm trieb

Doch dieses Feld gibt es nicht mehr,
Schwere Maschinen räumten Knick und Boden fort,
Ein Gewerbegebiet steht nun hier und
                        nur noch die Erinnerung an ihm blieb...

Schotter, Asphalt, Entwässerungsrinnen und Pflastersteine
Bedecken die einst fruchtbare Erde
Lagerhallen, Discounter und Fabriken
                        stehen nun hier Wand an Wand

Kalt pfeift der Wind um die Hallen
Leblos sind die versiegelten Flächen
Die Straßen sind aber nach Feldtieren benannt

Zum Fuchsbau, Alte Hasengrube, Feldlerchenweg,
Rehkitzstieg, Goldammergasse und Wildbienenstock
Und und und – nur um ein paar zu nennen

Welch Ehrerbietung, welch rührende Geste
Für einen Raubbau an der Natur
In ein paar Jahren wird kein Mensch mehr die Tiere kennen

Vergessen werden sie sein, wie das Versprechen,
Die Natur zu schützen, den Klimawandel zu stoppen
Verloren sind fruchtbarer Böden, Tier- und Pflanzenarten

Und es hört nicht auf, die nächste Wiese, der nächste Wald
Kommen bald unter die Räder
Denn machen es nicht wir, dann sind es Andere
                              – drum lasst uns starten...

Leises Gehen

Noch nicht allzu lange ist es her
da traf uns die Nachricht schwer
Das nichts mehr sein wird, wie es mal war

Dabei muss es meinem Vater selbst schon länger aufgefallen sein
Denn er schrieb alles, was er machte, in einen Kalender ein
Und das Jahr für Jahr

Erst dachten wir an ganz normaler Altersvergesslichkeit
Er überspielte, aber durch seinen Kalender,
                               seine wachsende Unsicherheit
Und wir sahen es lange Zeit nicht kommen

Erst, als er den Weg mit dem Auto nicht mehr nach Hause fand,
Ihm die Wege zu uns wurden unbekannt,
Wurde uns die Illusion genommen

Den Führerschein freiwillig abzugeben,
War ein erster, schmerzlicher Schritt, zu einem anderen Leben
Angst bahnte sich in sein Herz

Und auch wir mussten erst lernen,
Das unser Mann, Vater, Opa, Freund und Nachbar,
                               sich wird von uns entfernen
Eine Erkenntnis, die geprägt ist, von großem Schmerz

Noch stehen wir am Anfang, doch bleibt nicht mehr viel Zeit
Denn was gestern war, ist für ihn in der Ferne, ganz weit
Doch das Frühere ist ihm jetzt ganz nah

Und so leben wir mehr und mehr in seiner,
                              noch vertrauten, Vergangenheit
Erleben, wiederholt, Geschichten aus seiner Jugendzeit
Da ist er zu Hause und sieht die Bilder noch klar

Langsam wächst das Verstehen
Demenz ist ein leises Gehen
Um ihn wird es einsam und doch ist er nicht allein

Eines Tages wird er mich mit falschem Namen nennen
Mich und alle anderen nicht mehr erkennen
Und doch wird er immer mein geliebter Vater sein.....

In unendlicher Liebe

Der letzte Samurai

Es saß ein Mann in seinem Garten ganz im japanischem Stile
Vor sich ein Bäumchen in Schale und Werkzeugen, mit dem Ziele
Es zu Formen nach alten Ritualen und Traditionen,
Wie es üblich ist seit vielen Generationen

Voller Ehrfurcht betrachtete er das Bäumchen von allen Seiten
Träumte sich zurück in seine längst vergangenen Kindheitszeiten
Sein Großvater hegte dieses Bäumchen schon
In der 200 Jahren alten Schale aus gebrannten Ton

Ein Geschenk, so sagte er, vom Ur - Ur Großvater zur Hochzeit
Als Zeichen für Liebe, Verantwortung und Beständigkeit
Ein Familienmitglied, in ihm steckt der Geist der Ahnen
So erzählte es der Großvater und tat ihn ermahnen

Verantwortung zu übernehmen, nicht nur für sich und die Seinen
Sondern auch für die Tierwelt, den Pflanzen im Allgemeinen
Für die Geschichte, Kultur und Zukunft, für all' das steht die Pflanze
Und ihr Wohl, hat Einfluss auf das große Ganze

Behutsam legte er die Schere an, schnitt hie und da an einem Ast
Zupfte Blätter, kürzte Wurzeln, goss das Bäumchen, ganz ohne Hast
Seit Jahrzehnten kümmerte er sich nun um dieses Leben
Viel Kraft und Trost schien das Bäumchen ihm dafür zu geben

Er selbst hatte keine Kinder, seine Frau und er litten darunter sehr
Und wenn ihm die Wehmut lastete auf dem Herzen schwer
Bestaunte und hegte er es für eine Weile
Und sein Herz wurde wieder heile

Viel Geld hatte man ihm schon für das Bäumchen geboten
Doch abgelehnt hat er es bis heute, schließlich leben in ihm die Toten
Das Leben, die Kultur kann man doch nicht kaufen
Und so ließ er die Gebote im Sande verlaufen

Eines Tages war seine Frau nicht mehr aufgewacht
Nach Tagen der Trauer, hatte er sich dann mit ihrer Asche
                      Und dem Bäumchen auf den Weg gemacht

An den Ort, wo sie beide ihre glücklichsten Stunden
                               einst verbrachten
Grub die Urne seiner Frau in die Erde
        und pflanzte darauf das Bäumchen
Legte sich mit einer Decke zu ihren Füßen zum übernachten
Und fiel in hunderte wunderschöne Träumchen

Aufgewacht ist er aus den Träumen nie
Das Bäumchen, was ihm früher ging nur bis zum Knie
Ist heute ein stattlicher Baum
Bietet vielen Wesen einen Lebensraum

Und Kinder, die er leider nie besaß
Sitzen unter dem ' Bonsai – Schatten ' im Gras
Erzählen sich Geschichten, spielen und tanzen
Wie vom Großvater einst ermahnt:
          „.... dem Wohl vom großen Ganzen.... „

Der alte Samurai wurde, nachdem man ihn damals fand
Neben seiner geliebten Frau begraben.....

Das war sein Vermächtnis vom großen Ganzen.....

Urlaub der besonderen Art

Wir schreiben das Jahr 20xx, an sich läuft alles auf unserem Planeten, wie immer.
Doch, wenn es so wäre, dann bräuchte ich es ihnen dieses ja nicht zu schreiben.
Einen kleinen Unterschied gibt es doch zu all den vorherigen Jahren, ach, was sage ich, zu all den Erdzeitaltern.

Wir bekamen nämlich Besuch. Einen Besuch, den wir alle auf unserem Planeten nie erwartet hätten.
Es war eine Reisegruppe, so nenne ich sie mal, und sie kam aus einem fernen Sternensystem. Sie waren gekommen, um zu prüfen, ob unser Planet als Urlaubsstandort für ihre gestressten Bewohner in Frage käme.
Und so landete ihr Raumschiff ganz in der Nähe von Hamburg, weil sie gehört hatten, das Hamburg das Tor zur Welt sei.
Bei der Landung können Sie sich ja vorstellen, wie verrückt das Ganze in den Medien klang.
Das Militär war völlig überfordert. Der Versuch, eine Nachrichtensperre zu erlassen, scheiterte, denn viele Menschen hatten das Flugobjekt landen gesehen, dabei mit ihren Handys Filme gedreht und diese sofort ins Netz gestellt.
Dann hatten die Ankömmlinge sofort die Kontrolle über das gesamte Kommunikationsnetz der Welt übernommen und in allen Sprachen der Welt Grußworte an die Weltbevölkerung gesendet, sich vorgestellt und versprochen, in friedlicher Absicht gekommen zu sein, mit dem Wunsch, in Verhandlungen mit den einzelnen Regierungen zu treten, zwecks Verhandlungen und Prüfung, ob dieser Planet geeignet sei für Urlaub suchende Personen von ihrem Heimatplaneten.
Sollte dieser Planet in Betracht kommen, so wären sie bereit, wirtschaftliche Beziehungen mit uns einzugehen.
Die Prüfung hierzu würde einen Monat in Anspruch nehmen.
Demnächst würden sie sich, von Hamburg aus, in kleinen Delegationen zu den einzelnen Botschaften und Konsulaten aufmachen und Termine mit den einzelnen Ländern absprechen.

Dabei sei ihnen auch wichtig, wie das Verhältnis zu den Nachbarstaaten ist, da Harmonie für den Urlaub Suchenden von höchster Wichtigkeit ist.
Ruhe, Harmonie, gesunde Ernährung,
mit anderen Worten: Wellness sei der Schlüssel zum Erfolg der Mission.
Wir geben ihnen eine Woche, für ihre Sicherheitsmaßnahmen, die sie sicherlich treffen möchten und eventuelle andere Formalitäten.
Wenn sie abgeschlossen sind, melden sie sich bitte bei uns.
Damit verabschiedeten sich die Ankömmlinge fürs Erste aus dem Kommunikationskanal und gaben ihn wieder frei.

Was jetzt auf der Welt los war, können Sie sich wohl denken.
Das deutsche Militär isolierte den Landeplatz des Flugkörpers auf 10 Km Umkreis komplett.
Die Nato wurde hinzugezogen.
Russland, China, Indien, ach was sage ich, die ganze Welt stand Kopf.
Der Weltsicherheitsrat trat zusammen.
Der rote, blaue, gelbe Knopf, oder welche Farbe er bei den anderen Nationen auch immer hat, wurde abgestaubt, als ob der Atomkrieg unmittelbar bevorstand.
Der Weltraum wurde nach weiteren ' Invasionären ' abgesucht.
Nur die Hamburger blieben verhältnismäßig cool.
Einerseits, weil sie sich geehrt fühlten von den Ankömmlingen und andererseits, weil sie eh an der Situation nichts hätten ändern können.

Der Weltsicherheitsrat beschloss, die Ankömmlinge als gemeinsame Gäste zu betrachten und Hamburg, als Gastgeberstadt und Hauptverhandlungsort zu akzeptieren.
Und das einstimmig!
Man höre und staune!

Nachdem alle Länder in Alarmbereitschaft waren und sich so gut, wie möglich, nach ihrem eigenen Ermessen, militärisch sicherten, begannen die Länder sich auf ihren anstehenden Besuch der Gäste vorzubereiten.

Einige Länder debattierten erst einmal, ob sie überhaupt gewillt seien, Gäste zu empfangen. Andere, ob sie an eine neue Form des Tourismus überhaupt interessiert seien. Wieder andere überlegten, wie sie sich den größten Brocken sichern könnten.
Gegenseitiges Misstrauen, Missgunst keimte auf, auch wenn im Weltsicherheitsrat mit einer Stimme gesprochen wurde.

Es lief, wie Sie sehen können, eigentlich wie immer.

Über die einzelnen Sicherheitsmaßnahmen der Länder, kann ich natürlich nichts berichten.
Diese sind für die Geschichte auch nicht von Bedeutung.
Wir können davon ausgehen, das alle Maßnahmen eh zu keinem Erfolg geführt hätten, denn mit der Technik der Ankömmlinge, die das ganze Kommunikationsnetz unter ihre Kontrolle bringen konnten, ist mit unserer Waffentechnik wohl auch nicht beizukommen.
Was ich, anhand vom Livestream weiß, ist, das die Ankömmlinge einen Art Wintergarten an ihrem UFO, in Form einer Energiekuppel aufgebaut hatten und sich mit Liegestühlen und eine Art Grill, darin entspannt bewegten.
Es schien so, als ob sie schon mal Probeurlaub machten.
Übrigens, ihr Aussehen ist unserer Gestalt recht ähnlich, was dazu führte, das die Erdbevölkerung keinen Argwohn hegte.
Nichts ist für Menschen beängstigender, als ein Fremdsein.
Ihre Gesichtszüge waren eher kindlich, was die Menschheit zusätzlich in Beruhigung versetzte.

Nachdem nun die Woche zu Ende war, ging eine Delegation von hamburger Politikern, vorneweg der/ die Bürgermeister/ in, zum Raumschiff, um die Gäste offiziell zu begrüßen und um sie in das Rathaus einzuladen, mit der Bitte, sich vorab von den Medizinern untersuchen zu lassen.
Es waren Mediziner der NASA aus dem Seuchenschutzprogramm, die die Gäste auf Keime untersuchen sollten.
Die Gäste verstanden die Vorsichtsmaßnahmen und erlaubten die Tests.
Nachdem die Ärzte ihre Tests gemacht hatten und grünes Licht gaben, durfte die Delegation in Kontakt mit den Gästen treten.

Man schaute sich, auf Einladung der Gäste, das Raumschiff an, klönte eine Weile, wie man in Hamburg sagt und man besprach den weiteren Ablauf.
Auf Einreisevisa wurde generell verzichtet und so flog eine Delegation der Ankömmlinge, am nächsten Tag, in ihr angedachtes, erstes Reiseziel.

Um keinen Unfrieden unter den Lesern zu stiften, werde ich mich nur auf das Wesentliche beschränken.
Und da ich gerade beim Frieden bin, sollte ich vielleicht bemerken, das sogar Kampfhandlungen zwischen Ländern einfroren. Was man nicht alles tut, um zu glänzen.
Das erste und wohl auch einzige Mal in der Geschichte der Menschheit, ohne Krieg !

Die Delegation reiste in den Nahen Osten. Dort reiste sie in verschiedene Länder, sah sich deren Sehenswürdigkeiten an und erfuhr viel über die Kulturen der einzelnen Nationen und deren Glaubensformen. Die Aufnahmefähigkeit der Delegation war immens. Sie hörte sich alles in Ruhe an, sie bekam Info- Material in die Hände gedrückt, Preislisten und und und... Jede Nation in Nahost versuchte das Beste aus seinem Land hervorzuheben.

Auf jeden Kontinent flogen Delegationen in den nächsten Wochen. Dabei schauten sie sich kleine, wie große, reiche wie arme Länder an. Die Auswahl schien beliebig, aber immer wurden sie herzlich willkommen geheißen und immer wurden die Gäste mit den jeweiligen Kulturen und Sehenswürdigkeiten vertraut gemacht. Dabei zeigten sie keine Ermüdungserscheinungen, sondern blieben Tag und Nacht auf, um möglichst viele Eindrücke zu sammeln. Sie kamen auch mit den verschiedenen Klimazonen erstaunlich gut zurecht. Am Ende ihrer Weltreise- Tour und zurück in Hamburg, baten sie um eine Woche Auswertungszeit der vielen Daten. In der Zwischenzeit erklärte der Kapitän des Raumschiffs der NASA und anderen Weltraumorganisationen, wo ihre Galaxie und speziell ihr Planet lag. Die Technik, wie sie es hierher schafften, blieb ein Rätsel, wie auch, wie sie uns gefunden hatten. Es lag Bewunderung, aber auch wachsendes Misstrauen in der Luft. Angst ging um. Denn alles was neu, fremd und fortschrittlich ist, ist auch bedrohlich. Jedenfalls bei uns hier auf Erden.

Der Weltsicherheitsrat, aber auch die einzelnen Militärs und ihre
Verbündeten, schmiedeten weitere Sicherheitsmaßnahmen, um sich – nein
- um die Erde zu verteidigen.
Wie heißt es so schön:
Aus Feinden werde Verbündete, aus Verbündete werden Feinde, oder
Der Feind meines Feindes, ist mein Freund.
Wie dem auch sei. Die Ankömmlinge schienen es nicht zu bemerken,
oder sie wollten es nicht.
Die Gespräche und die Reisen wurden alle live und weltweit ins Netz
gestellt.
Kein Land und Erdenbürger sollte von den großen Plänen der
Ankömmlinge im Unwissen gehalten werden.
Das war eine Bedingung der Ankömmlinge.
Die Länder, die besucht worden, wurden in alle Farben und Facetten
dargestellt.
Wie ein riesiger Reisebericht und alle Menschen waren live dabei.
Jeder konnte die Schönheiten der Erde unter, wie über Wasser sehen und
jeder konnte die Menschen sehen, die dort lebten. Es gab keinen, der nicht
von den Bildern beeindruckt war.
Die weltweite Touristenbranche und die ganze Wirtschaft sah schon den
großen Coup für die nächsten Generationen.
Zwischendurch gab es auch Bilder von den Ankömmlingen und einen
Bericht über deren Herkunft.
Alle sahen zufrieden aus.

Die Ankömmlinge baten darum, das nach den tollen Reiseberichten, die
einzelnen Staatsoberhäupter und die Häupter der indigenen Völker, für
den feierlichen Moment der Entscheidung, zusammenkommen mögen.

So trafen sich also, nach einer weiteren Woche, alle Staatsoberhäupter und die Häupter der indigenen Völker in Hamburg und saßen dabei vor dem Rathaus und einer riesigen Leinwand.
Das Fernsehen sendete live.
Und nachdem der/ die Bürgermeister/in der Stadt, eine kurze Ansprache gehalten hatte, trat die Delegation auf die Bühne.
Einer der Ankömmlinge stellte sich ans Rednerpult und begrüßte alle Anwesenden und die weltweiten Zuschauer.

Während der Rede, übersetzte ein weiterer Ankömmling in der Gebärdensprache.
In jedem Land wurde die Sendung in den jeweiligen Sprachen übersetzt.
Auch in indigene Sprachen wurde übersetzt.
Jeder, auch wirklich jeder, Mensch, sollte das Gesagte verstehen.

Als erstes bedankten sich die Ankömmlinge, für die doch unerwartete, Gastfreundschaft, hier in Hamburg, aber auch auf der ganzen Welt.
Sie waren von der Schönheit und dem Reichtum der Welt beeindruckt.
Von der Artenvielfalt, der Landschaften, wie auch von den unterschiedlichen Kulturen.
Das es ein Glücksfall für die Menschheit sei, hier leben zu dürfen.
Und das sie, die von weit her gereist sind, sich dieser Schönheit sehr bewusst geworden sind, sie nicht missen möchten und wahrscheinlich mehr schätzen, als die eigenen Einwohner.

Und umso trauriger sind sie, uns mitteilen zu müssen, das genau aus diesem letzten Grund, es ihnen nicht möglich ist, hier Urlaub für ihre Leute anzubieten.

Und dann drückte einer der Ankömmlinge auf einen Knopf und ein bereitgestellter Film, den keiner vorher gesehen hatte, lief über die Bildschirme und Leinwände weltweit.

Zu sehen waren schon die bekannten Bilder von den Reisen, aber immer dazu das passende Negativ.

Ein gesunder Urwald und daneben Brandrodungen, Vernichtung und Vertreibung der indigenen Völker, hohe Armut, Schmutz überall.

Tauchfahrten zu den schönsten Riffen und daneben, zerstörte Riffe durch Überdüngung, Überfischung, Ankerplätze von Yachten, Yachthäfen, verbaute Küssten, Plastikmüll.

Bergidylle und daneben, zerstörte Hänge, Hotels, verstopfte Autobahnen.

Schöne Sandstrände, daneben Betonhochburgen, vertrocknete Seen und Grundwasserknappheit, verarmte Bauern, Missernten, leer gefischte Meere, Lärm und Staub.

Und dann, das war der Höhepunkt, die Kriege, die Flüchtlingslager, Flüchtlingsströme, Misshandlungen jeder Art an Mensch und Tier.

Kreuzfahrtschiffe auf dem Mittelmeer, Menschen in Saus und Braus, unter Deck Arbeitsverhältnisse, die unmenschlich sind, aber noch harmlos, gegenüber den überfüllten Flüchtlingsbooten und Ertrunkenen an den Stränden, die schnell entfernt wurden, damit der Tourismus nicht gestört wird.

So krass, wie in diesem Moment der Reichtum und die Armut auf einander prasselten, berührte mich und wohl sehr viele Anwesenden, peinlich.

Als der Film zu Ende war, entstand eine Stille, wie auf einem Friedhof.
Nach einer Minute des Schweigens, ergriff der Ankömmling wieder das Wort:
Vielleicht sollten wir, die Bewohner dieser Welt, erst einmal zu uns finden.
Und allen Menschen, den Tieren, den Pflanzen die gleiche Chance bieten, auf diesem Planeten ihren Platz zu finden und zu existieren.
Wenn das erreicht ist, kommen wir wieder und werden dann in diesem Paradies Urlaub machen.

Und in diesem betretenen Schweigen verschwanden die Ankömmlinge.

Und hier auf Erden? ----

Lief alles - - wie immer!

Ein Wiedersehen ist eher unwahrscheinlich.....

Der Eremit

Mein Name ist Jörg. Ich bin 50 Jahre alt, von Beruf Förster und achte, jetzt im Sommer, auf die Entwicklung der Borkenkäfer in meinem Revier. Kein Insekt kann sich bei diesen, sommerlichen Temperaturen so drastisch vermehren und Schäden im Forst anrichten, wie diese Käfer. Die Fichten sterben dann sehr schnell ab. Ein Schaden, der unbezahlbar ist. Ich weiß natürlich, das der Käfer nicht allein schuld ist. Viele Faktoren spielen eine Rolle:
Der Klimawandel, die Monokultur, der saure Regen, das Ozonloch, nur um Einige zu nennen.
Der eigentliche Verursacher ist, wie so oft, der Mensch selbst.
Und jetzt, bei dieser Trockenheit, kommt noch die Brandgefahr hinzu.
So machte ich mich, also, auch an diesem Morgen auf den Weg, um ein Teil meines Reviers zu begutachten.
Ein schöner Sommermorgen, ein leichtes Lüftchen wehte aus Nord- Ost, ein Zeichen für weiterhin trockenes, heißes Wetter. Wie schon die letzten drei Monate.
Als ich nach Stunden, kurz vor Sonnenuntergang auf einer Anhöhe, mit Blick in Richtung Westen stand, sah ich auf dem nächsten Bergrücken, Rauch aufsteigen.
Eine ganz kleine Rauchsäule, wie von einem Lagerfeuer.
Ich erschrak sehr. Wer macht denn so einen Unsinn, ein Feuer bei dieser Trockenheit!?
Ich rannte, voller Entsetzen, Richtung Feuerquelle.
Von hier brauchte ich vielleicht zehn, fünfzehn Minuten.
Hoffentlich ist es dann nicht zu spät! Dann brennt es sofort lichterloh.
Die Harze in den Bäumen, das trockene Unterholz steht dann gleich in Flammen.
Das Feuer muss an der Stelle vom Wikinger-Stein sein.
Ein Ort, an dem früher angeblich die Wikinger ihr Sommerlager aufschlugen und plündernd in der Gegend umher zogen.

Als ich dort ankam, war aber kein Feuer. Hatte ich mich geirrt? - Nein, die Richtung stimmte.

Das muss die Stelle sein. Ich lauschte, ich roch nach dem vermeintlichen Brandgeruch und ich schaute mich nach Brandspuren um. Aber nichts. Ich war beruhigt, der Wikinger-Stein lag verlassen da. Keine Spur von Wildcampern oder anderen Menschen.

Hier war schon lange kein Mensch mehr gewesen.

Nun schaute ich von hier auf die Anhöhe, auf der ich vor zehn Minuten noch stand.

Was ich nun sah, verschlug mir wiederum den Atem. Jetzt kam Rauch von dort, genau an der Stelle, wo ich eben noch stand.

Ich lief abermals los, den Berg hinunter und die Anhöhe hinauf.

Nach zehn Minuten war ich wieder dort angekommen, doch vom Rauch war nichts zu sehen. Wieder untersuchte ich die Gegend nach Brandresten ab. Auch hier war nichts zu finden.

Mir rann der Schweiß am ganzen Körper, mir wurde schwindelig von der Hitze und der Anstrengung.

Was passiert mit mir? Habe ich mir das alles nur eingebildet, werde ich krank, spielen mir meine Augen einen Streich?

Nie hatte ich derartiges erlebt. Meine Augen waren immer stechend scharf gewesen. Ich war immer kerngesund. Die letzte amtsärztliche Untersuchung war erst drei Monate her – alles war super!

„ Werde erst einmal ruhig .", sagte ich zu mir selbst. Dann vergewissere dich, das alles in Ordnung ist.

Kaum war ich wieder abgekühlt, sah ich wieder hinüber zum Wikinger-Stein.

Kein Rauch, alles ok. Gott sei Dank!

Ich wollte gerade meinen Weg nach Hause fortsetzen, da sah ich, an einer anderen Stelle, wieder Rauch aufsteigen.

Diesmal weiter rechts, am Bachlauf, der um diese Jahreszeit, eher ein Rinnsal, als ein Bach ist.

Ich machte mich, abermals, auf den Weg. Ich hechtete förmlich durchs Unterholz. Ich war wütend über diesen Schabernack und wollte den Frevler erwischen – um jeden Preis!

Ich kam aber auch diesmal zu spät. Wieder kein Feuer, kein Rauch, geschweige denn, irgendwelche Spuren. Wie von Geisterhand verschwand der Rauch, sobald ich auftauchte und – und das machte mich nur noch wilder, tauchte er andernorts wieder auf. Diesmal keine fünfhundert Meter von mir entfernt.

Abermals jagte ich dem Rauch hinterher, um wieder festzustellen, das der Verursacher schneller war.

Ich gab auf!

Keine Chance ihn zu erwischen. Es dunkelte schon. Ich trottete unverrichteter Dinge nach Hause. Morgen wollte ich wieder nach dem ' Räuchermännchen ' suchen.

Ich packte mir genügend zu Essen und Trinken, meine üblichen Förster-Utensilien und ein Schlafsack ein.

Schon in den frühen Morgenstunden machte ich mich auf den Weg. In einer Stunde würde die Sonne aufgehen, da wollte ich am Bachlauf sein und nach Spuren suchen, die ich vielleicht im Halbdunkel übersehen hatte. Etwas musste doch zu finden sein.

Eine leichte Frische, wie sie nur ein Morgentau mit sich bringt, lag in der Luft. Ich liebe solche unverbrauchte Morgen, wenn kein Laut aus der technisierten Welt zu hören ist, aber es dennoch nicht still ist. Man hört vor dem ersten Vogelschlag, im wahrsten Sinne des Wortes, das Gras wachsen.

Aber dann, mit der ersten Dämmerung beginnen die Vögel, jeder zu seiner Stunde, sein Lied vorzutragen.

Kein Konzert der Welt kann dieser Musik das Wasser reichen.

Und alles ohne Noten.

Die Tages- bzw. Jahreszeit ist der Dirigent und die Natur das Orchester.

Von den Vögeln, über Frösche, Kröten, Hase, Fuchs; Reh und Hirsch, den Insekten, den Pflanzen, wenn ihre Samenkapseln platzen und dem Wind, wenn er die Bäume, rauschend, in Bewegung setzt. Was sind wir dagegen? Wir hetzen, wir gieren, wir versuchen die Natur zu unterjochen, sie nur für uns nutzbar zu machen, sie zu kopieren - aber am Ende werden wir sie und damit uns, da wir ein Teil von ihr sind, verlieren.

Als ich am Bachlauf ankam, bemerkte ich einen leichten Rauchgeruch. Ich schlich mich an die Geruchsquelle an. Dort saß ein alter Mann in einfacher Kleidung an einem kleinen Feuer, auf dem ein Kaffeepott stand. Er drehte sich nicht um, machte aber eine Geste des Willkommen. Ich trat näher, sah zwei Kaffeebecher auf einem runden, flachen Stein stehen und folgte seiner Aufforderung, schweigend. Kaum saß ich beim ' Eremiten ' am Feuer, lächelte er mich an. Reichte mir einen Becher und schenkte uns ein. Er sprach kein Wort, schien darauf zu warten, das ich etwas sagte, doch ich traute mich vorerst nicht. Nach dem langen Lauf, war ich noch viel zu erschöpft, mein Atem ging schwer. Doch das war es nicht allein, ich spürte eine gewisse Angst, mit Scham und Neugier besetzt. Ich weiß nicht, wie ich es anders ausdrücken soll. Aber irgendetwas hinderte mich daran, sofort loszupoltern, das Feuer zu löschen und eine Verwarnung auszusprechen. Er fixierte meine Augen, als ob er meine Gedanken lesen konnte und prostete mir zu. Wir tranken unseren Kaffee und sprachen kein Wort. Nachdem er nachschenkte, begann er mit den Worten: „ Ich habe lange auf Dich gewartet." Ich schaute ihn ungläubig an. „ Oh, ich sehe du bist verwirrt. Nun kein Wunder, schließlich bist du ein Neuling." „ Bitte, ein was?", hörte ich mich fragen. „ Ein Neuling. Ein Mensch. Weißt du, was ein Mensch ist?", fragte er.

Ich musste in meinen Becher grinsen. Ein ' Esoterik-Spinner ' dachte ich – na, wie fein! „ Ein Mensch ist das Vernunftwesen, das höher steht als die anderen Wesen dieser Welt. Er zeichnet sich von allen anderen Lebewesen, dahingehend aus,

indem er um seine Besonderheit weiß, sie nicht missbraucht, weder gegen die Natur, noch gegen seine eigene Art.
Er ist selten zu finden.
Ein kluger Mensch hat einmal gesagt:
Die Zwischenstufe zwischen Primaten und Mensch, sind wir!

Ich glaube das auch. Aber ich glaube, das durch die Evolution, hie und da schon ein Mensch aufgetaucht ist, der aber sich noch nicht durchsetzen kann, weil seine Zeit noch nicht gekommen ist.
So, wie es einst, neben den Dinosauriern schon Säugetiere gab, klein aber noch nicht sich durchsetzend. Erst als die Dinosaurier verschwanden, begann die Zeit der Säugetiere.
So wird es auch mit uns sein.
Und nur deswegen konntest du mich finden. Denn nur der Vorausschauende findet mich. Menschen erkennen einander.
Ich habe dich eine Weile beobachtet.
Deine Gedanken heute morgen auf dem Weg zu mir, waren Gedanken deines Herzens, deiner Seele, sie sprachen mit dir.
Und, obwohl du gekommen bist, um mich zu stellen, zu ermahnen, hasst du gewartet und dir ein Bild von mir und der Situation gemacht. Du hast nicht von deiner Autorität Gebrauch gemacht, sondern mir eine Chance gegeben, mich zu erklären. Du warst neugierig, wissbegierig, nicht vorverurteilend, auch wenn du innerlich mit dir gerungen hast und das, obwohl alles gegen mich sprach, einschließlich deiner Wut.
Du hast auch nicht deine Lakaien oder Getreuen vorgeschickt, nein du bist selbst gekommen.
Das zeichnet einen Menschen aus.
Übrigens war der Rauch gestern aus meiner elektrischen Zigarette.
Die macht ordentlich Dampf, ist aber nichts für mich. Aber eignete sich gut für meinen Test.“

Woher wusste er von meinen Gedanken, wer ist der Kerl?
Mein Kaffee war inzwischen kalt.
Aber innerlich glühte ich. Was geschieht mit mir, warum unterbreche ich
ihn nicht, verwarne ihn und gehe?
Deswegen bin ich doch hier, oder nicht?
Komm, lösche das Feuer und geh!
Warum hole ich jetzt die Brote raus und teile sie mit ihm?
Ein Geben und nehmen, oder wie?

Dann sprach der Eremit wieder: „ Wie ich sehe, bist du gewillt, mit mir zu
teilen. Gut! So will ich auch mit dir teilen.
Er zog aus seinem Rucksack ein Buch hervor. Es sah schon ziemlich
abgegriffen aus, aber es war noch in einem Stück.
„ Dieses Buch kennt, im entferntesten Sinn, jeder. Es ist so etwas , wie die
Bibel.
Eigentlich ist die Bibel ein Sammelsurium von Einzelgeschichten, von
verschiedenen Menschen verfasst, in verschiedenen Sprachen und zu
verschiedenen Zeiten. Dann ist sie mehr schlecht als recht, übersetzt und
durch verschiedene Interessen auch abgeändert worden, je nach
Jahrhundert und Bedürfnissen.
Diese hier ist, wenn man so will eine Originalausgabe. Na ja – meine
Originalausgabe.
Ich glaube, das jeder der alten Schreiber, Ur-Verfasser, ein Mensch war.
Mit einer Botschaft an andere Menschen, nur das sie wohl alle
umgedeutet wurden, von den Gierigen, Mächtigen dieser Welt. Deswegen
streitet sich die ' Menschheit ' seitdem in Glaubensfragen.
Ob ein Konfuzius, Laotse, ein Moses, Johannes, Jesus oder Mohammed,
nur um einige zu nennen, immer wird schon, während oder kurz nach
dem Wirken dieser Personen, durch Neid, Angst, Habgier, aber auch
durch viel Fantasie, deren Wirken verkehrt.
Auch im Politischen werden Personen getötet, verfolgt, in Misskredit
gebracht, die eigentlich Gutes bewirken wollen, wie zum Beispiel
Gandhi, Martin-Luther King. Selbst der Grundgedanke des
Kommunismus/ Sozialismus ist nicht verkehrt, ebenso die Demokratie,
doch der ' selbsternannte Mensch ' ist schwach!"

Daraufhin nahm er erst einmal einen Schluck Kaffee und biss von dem, von mir gereichtem, Brot ab. Dann sprach er weiter:
„Um nochmal auf die Evolution zu kommen:
In der Evolution finden immer wieder Mutationen statt, bei allen Tieren und Pflanzen.
Und wenn dann, dieser Mutant, durch Zufall eine Nische gefunden hat, in der noch Platz für ihn ist und die Bedingungen für ihn gut sind, dann wird er sich mit der Zeit durchsetzen.
Sollten die Bedingungen noch nicht erfüllt sein, wird er verschwinden.
Beispiele gibt es genug in der Natur. Ein gutes Beispiel ist der Eisbär.
Eigentlich ist es ein Braunbär, der aber im ewigen Eis nur überleben konnte, wenn er sich farblich anpasste. Eine weiße Mutation hat es dann geschafft, diesen Lebensraum zu erobern. Nur dort ist er erfolgreich bei der Jagd. In anderen Regionen schafft er es nicht.
Andere Tiere und Pflanzen hatten und haben Mutationen in Größe, Form, Stärke und Änderungen der Sinnesorgane.
So ist es auch mit uns ' Menschen '. Der wahre Mensch hat durch Mutation andere Eigenschaften, als der herkömmliche Mensch.
Das Komplizierte dabei ist aber, das diese Veränderungen nicht am Körperbau zu erkennen sind.
Sie beziehen sich auf das Wesen!"

Bis eben war mir noch alles klar, aber jetzt kam ich nicht mehr mit.
Ich muss ungläubig geschaut haben, jedenfalls hielt der Eremit inne und schenkte mir noch mal Kaffee nach. Dann setzte er sich an seinen Platz und fuhr fort:
„Nehmen wir ruhig nochmal die Farbe, wie eben beim Eisbären.
Die Farbe des Menschen ist doch egal, oder?". Ich nickte und trank einen Schluck Kaffee.
„ Gut – aber im Leben muss man, bei so einigen Situationen, Farbe bekennen.
Der normale Mensch drückt sich gerne davor, lässt andere für sich sprechen oder handeln. Er möchte keine Verantwortung übernehmen, weil es auch mal unangenehm ist, Farbe zu bekennen.

Ein wahrer Mensch hat diese Eigenschaft. Er bekennt Farbe!"

Oha! Jetzt verstand ich, wo die Reise mich hinführte.
„ Gut.", sagte ich" Das klingt plausibel und da stimme ich dir auch zu."
Nun nickte er und fuhr fort:
„ Wir sind uns wohl auch einig darüber, das es bei den ' Menschen ' auch
nicht auf die Körpergröße ankommt?"
Ich grinste, weil mir gerade einfiel, wie ich, als Kind, nicht an die
Keksdose oben auf dem Schrank meiner Eltern ankam.
Aber ich nickte ihm zu.
„ Schon gut.", sagte er : „ Es gibt Sonderfälle im Alltag, gerade in der
Kindheit." Auch er lächelte nun. „ Und doch muss der Mensch sich im
Leben auch mal groß machen, nicht immer nur klein.
Jeder Mensch hat Fähigkeiten, er muss nur an sich oder an denjenigen,
der sich klein macht, glauben. Und einen der übergroß erscheint, nicht
gleich als einen Übermächtigen sehen. Der Mensch bringt auch ein
Mammut zu Fall. Wer braucht einen Despoten, ob zu Hause, auf der
Arbeit oder als Regierenden?
Ein wahrer Mensch erhöht niemanden und auch nicht sich selbst.
Genauso macht er, weder sich, noch andere, klein. Er ist
gleichberechtigt.".
Nun machte er eine Pause, trank einen Schluck und aß von meinen
Schnitten, die ihm sichtlich schmeckten.
„ Und wie ist das mit der Form?", fragte ich in seine Pause hinein.
„ Was denkst du?", fragte er mich.
Nun musste ich ein wenig nachdenken.
Formen kennt man aus der Geometrie. Ein Baum ist entweder breitkronig,
rund, schmal, wie eine Tanne oder pyramidal im Wuchs. Menschen sind
dick, dünn untersetzt oder drahtig. Nein, das konnte es nicht sein.
Inzwischen hatte der Eremit schon das dritte Brot intus.

„ Ok.", sagte ich: „ Mit der Form, könnten die Unterschiede in der Art des
Lebens sein. Zum Beispiel: arm- reich

Es könnten auch kulturelle, religiöse, sprachliche und kontinentale Unterschiede damit gemeint sein?".

„ Sehr gut, ich sehe, du weißt inzwischen, worauf es ankommt. Nehmen wir die unterschiedlichen Nationen. Sie entstanden aus den unterschiedlichen Sprachen, Religionen und den politischen Systemen. Über die Jahrhunderte sind Kulturen entstanden, das prägt eine Gesellschaft. Ein Mensch würde nie seine Art des Lebens über die der Anderen stellen. Sie sind alle ebenbürtig. Wer sagt mir, das meine Art zu leben richtiger oder besser, als die meines Nachbarn ist. Das ist anmaßend. Gesellschaften entwickeln sich und der Mensch mit. Ein Mensch erkennt auch die Schattenseiten der Geschichte, ist kritisch seinen Vorfahren gegenüber und hält nicht an Traditionen fest, die schädlich für ein allgemeines Zusammenleben ist. Er lernt aus Fehlern. Wir haben es in der Hand, in den Austausch zu gehen. Auch meinen Kindern kann, darf ich nichts aufzwingen, ich muss sie selbst ihren Weg finden lassen. Anregungen, Hilfestellungen geben – ja und auch einen Erfahrungsaustausch ermöglichen. Ich kann schließlich auch von meinen Kindern lernen. Und natürlich auch von anderen Kulturen. Leben tut man mit den Lebenden, nicht mit den Toten und den Ahnen. Sie aber können uns trotz alledem lehren, es besser zu machen, oder Erprobtes zu erhalten."
Jetzt machte er eine kleine Pause.
Inzwischen stand die Sonne schon am höchsten Punkt. Mittagszeit! Eigentlich hatte ich heute noch einiges vor, aber ich verspürte keinen Drang fortzugehen. Hier im Wald einen Menschen zu finden, der einen so in den Bann zog, passiert wohl nicht alle Tage.
Und so lauschte ich, wie ein Junge, besser wie ein Schüler oder Jünger, weiter seinen Worten.
Der Eremit begann von Neuem: „ Nun ist das nur ein kleiner Auszug aus den Bereich der unterschiedlichen Nationen. Hier gäbe es noch viel mehr zu sagen. Aber das Thema ' Formen ', ist ja noch vielschichtiger.

Zum Beispiel das Verhältnis arm – reich, was du auch angeführt hast. Warum gibt es diese Extreme. Jeder Mensch wäre mit dem zum Leben notwendigen zufrieden.

Aber der ' Mensch ' ist gierig, will immer mehr, jetzt und sofort. Dabei können sie das Geld nie aufbrauchen. Es macht auch nicht glücklicher, aber es muss noch mehr sein. Warum sind die ärmeren Menschen, die Glücklicheren nach Umfragen?"

„ Ich denke mal, weil Reichtum eine Form von Sucht ist!", warf ich ein. Er nickte. „ Ich sehe, du verstehst. Nur, keiner von denen würde es sich eingestehen. Diejenigen, die auf das Thema aufmerksam machen, werden als neidisch diffamiert, weil den Reichen kein wirklicher Grund für ihre Gier einfällt. Es gilt für sie nur das Recht des Stärkeren, Skrupelloseren, Cleveren, die edle Geburt und andere diffusen Gründe, warum sie angeblich auserwählt seien.

Früher hatte man sich gegenseitig, ohne Gegenwert, geholfen. Keiner hatte ein Schloss an der Tür, jeder besaß Dasselbe, die Menschen gingen ein und aus. Wenn einem was fehlte, gab der Andere.

Heute sind Sicherheitsanlagen teurer, als das zu Beschützende, aber Hauptsache, man hat ein Gefühl der Sicherheit. Es wird geprahlt mit teuren Autos, Häusern, Booten und Reisen.

Alles auf Kosten Anderer, denn es ist, wie im Spiel. Es kann nur Gewinner geben, wenn andere dafür verlieren.

Ein wahrer Mensch gibt, lässt andere leben, mit leben. Er teilt sein Brot, wie es in vielen Religionen so schön heißt. Wobei damit das ' gerecht Teilen ' gemeint ist und nicht ein Almosen.

Man kann sagen: Ein wahrer Mensch hat besondere Umgangsformen entwickelt.

Er denkt an die Zukunft, nicht nur an die eigene, oder die seiner Kinder, sondern auch an die Zukunft anderer Menschen und deren Kinder, Enkelkinder.

Aber auch an die Natur, der Schutz von Trinkwasser, dem Haushalten von Energiequellen und anderen Ressourcen etc...

So wie du es in deinem Beruf machst.

Ein Förster, so wie du einer bist, hegt und pflegt einen Baumbestand, erntet was seine Vorgänger vor hundert, zweihundert Jahren gepflanzt haben. Er forstet auf, für die folgenden Generationen, ohne sie je kennenzulernen.

Er passt auf Schäden im Bestand auf, er achtet auf die Sicherung der Böden, er reguliert die Waldtierdichte und und und. Dir brauche ich es ja nicht zu sagen. Denn ohne Wald, den Lichtungen, Knicks, den natürlichen Kreisläufen, würden alle Wesen Schaden nehmen.

Ein Nehmen und Geben, im Einklang mit der Natur."

Er machte eine Pause, dann sagte er mit einem verbitterten Unterton: „ Dazu sind, leider, nur wenige bereit."

„ Aber wir Förster, haben gerade in der Vergangenheit, mit den Monokulturen, doch so viel falsch gemacht!", warf ich ein.

„ Ja, das schon, aber aus den Fehlern habt ihr, oder wenigstens einige aus deiner Zunft, gelernt. Ein Mensch ist ja nicht unfehlbar, auch er muss sich den veränderten Lebensbedingungen und Erkenntnissen anpassen. Aber er tut es nicht auf Kosten der Welt.

Jeder möchte, was grundsätzlich nichts verwerfliches ist, das es seinen Kindern besser geht, als einem selbst. Aber heißt es dann auch, das den Kindern alles und ohne Einschränkung gegeben werden muss? Ist es nicht sinnvoller, ihnen, gerade, weil wir die Kenntnis darüber haben, auch einiges zu verweigern, damit es auch noch für weitere Generationen reicht und sie ebenfalls lernen Verantwortung zu übernehmen?

Zu verzichten, zu teilen ist kein Widerspruch zum Wohlbefinden.

Respekt gegenüber jeder Kreatur ist das, was ein Mensch auszeichnet.

Nimm die Eiche dort hinten als Beispiel.

Ein Baum ist nicht nur Baumaterial, sondern Wohnsitz von einer Vielzahl von Insekten, Säugetieren, Vögeln, Pilzen etc.. Er reguliert den Wasserhaushalt im Boden, schützt vor zu großer Hitze, Kälte und Erosionen, filtert Staub, bildet Sauerstoff, schützt vor Winden, bricht mit seinen Wurzeln Gesteine, mineralisiert sie, schafft fruchtbare Böden, zu allerletzt aus seinem eigenen Zerfall."

Nun schaute er mich aus erwartungsvollen Augen an.

Ich schaute auf. Inzwischen verfärbte sich der Himmel rot. Ich erschrak, das es schon so spät geworden war. In einer Stunde würde es stockfinster sein. Und doch wollte ich nicht fort von hier.
Als der Eremit meinen Blick zum Himmel bemerkte, lächelte er nur.
„ Du meinst, ein wahrer Mensch ist wie ein Baum."
Er nickte. „ Gut, ich verstehe. Ein Mensch mag scheinbar alleine sein, hat aber eine Vielzahl von Wesen um sich, ohne großes Geschrei anzustimmen, selbst mit Schädlingen kommt er zurecht. Er baut auf die eigene Stärke. Und sollte doch mal ein Schaden entstehen, baut er auf die Selbstheilungskraft. Er sorgt für mildes Klima, was so viel heißen soll, für soziale Ausgeglichenheit. Er ist ein kleines Universum, in dem jedes Wesen sich geborgen und gleichberechtigt fühlt.
Er ist bodenständig, standhaft in stürmischen Zeiten. Er verbessert mit seinem Leben den Boden auf dem alle stehen, nennen wir es die Gesellschaftsordnung, und befruchtet sie geistig, kulturell und sozial und das über seinen Tod hinaus. Trifft es das so ungefähr?"
Wieder nickte der Eremit.
„ Das mag etwas fett aufgetragen erscheinen, aber ich stimme dir zu."
„ Aber die Vielzahl an Lebewesen ist es nicht allein. Die Blätter der Eiche geben mehr Sauerstoff ab, als der Baum selber wieder verbraucht. Er verwandelt, veredelt die Luft für alle anderen. Mit anderen Worten: er gibt mehr als er nimmt und es bleibt, oberflächlich betrachtet, unbemerkt. Wie ein Mensch.
Auch er macht es ohne Aufmerksamkeit zu erregen.
Erst, wenn der Baum ein bestimmtes Alter hat, trägt er Früchte. Sie dienen der Fortpflanzung, aber auch anderen Wesen als Nahrung.
Auch hier gibt er mehr, als er nimmt. Die Erfahrung des Menschen, die geistige und schaffende Kreativität und nicht zuletzt die Liebe, dient anderen als Nahrung.
Der Stamm, das Geäst ist das Traggerüst für die Lasten, er kann sich bei Sturm biegen, ohne sich zu verbiegen, denn dann wäre er ja nicht mehr der Baum, der er mal war.
Dazu müsste man ihn brechen. Dieses Traggerüst nennt man beim Menschen Charakter.

Die Rinde schützt den Baum vor äußeren Einflüssen. Das sogenannte dicke Fell beim Menschen.

Der Bereich der Wurzeln ist auch sehr vielschichtig.

Der Boden auf dem er wächst, ist seine Gesinnung. Ohne festen und nährstoffreichen Boden, keine Gesinnung, kein Identität.

Die Wurzeln geben ihm Halt. Wir nennen sie kulturelle Wurzeln, oder der Glaube an die Menschheit, was ja im Moment ein sehr beliebtes Thema ist. Aber auch die geistige Nahrung wird mit ihnen aufgenommen. Je mehr im Boden steckt, desto fruchtbarer, gesünder wird der Mensch.

Bildung und geistige Reife können wachsen, machen den Baum widerstandsfähiger gegen schädliche Einflüsse.

Deswegen sind Schulen, eine offene Gesellschaft, auch so wichtig. Findet eine Verdichtung im Boden statt, erstickt die Wurzel und das Bodenleben, es verfault durch anaerobe Bakterien.

Und so wird durch Narzissmus, Gier, Korruption genau die Mensch-Bildung verhindert, die wir uns, jedenfalls theoretisch, alle wünschen. Es setzt eine Versauerung des Bodens ein. Die Nährstoffe werden ausgespült, oder stehen den Wurzeln nicht mehr zur Verfügung. Die Wurzeln sterben ab, der Baum kränkelt, verliert an Gleichgewicht, der Schädlingsbefall nimmt zu. Am Anfang wirft der Baum nur frühzeitig die Blätter ab, später dann Zweige und zum Schluss geht die Standfestigkeit verloren und der Baum fällt.

Mit ihm stirbt der Mensch, das ganze System, die Gesellschaft!"

Jetzt war es dunkel geworden. Vereinzelt traten Sterne an den Nachthimmel.

Eigentlich hätte ich jetzt schon längst in meinem Bett gelegen. Aber ich war trunken vom Gespräch.

Ein Uhu machte auf sich aufmerksam. Der Bach plätscherte vor sich hin.

Am Liebsten, hätte ich selbst ein Feuer gemacht.

„ Aber auch in der Liebe gibt es unterschiedliche Formen."
„ Du meinst Homo – und Hetero Lebensformen."
„ Ja, aber nicht nur. Hier aber scheiden sich die Geister ganz besonders.
Hier gibt es leider die geringste Toleranz in der Gesellschaft, wobei die
Liebe, solange sie von beiden Seiten einer Partnerschaft so gewünscht ist,
und das sagt der Begriff Partnerschaft schon, ist in meinen Augen auch
nichts verwerfliches daran zu finden. Näher will ich auch nicht darauf
eingehen.
Viel wichtiger ist für mich die Liebe über das Sexuelle hinaus.
Hier scheitern nicht nur viele Beziehungen, auch sich selbst zu lieben fällt
vielen schwer. Den Hang zur Perfektion, ob bei sich oder dem Anderen,
führt zu enormen Spannungen und Druck. Es entsteht Hass und Neid,
Gefühle werden mit Füssen getreten. Sie kopieren andere Personen im
Stil oder an Körperteilen, dank der Schönheits- Chirurgie. Aber noch
wichtiger ist für mich die Liebe zu allem, was
die Welt zu bieten hat. Die Liebe zur Poesie, Musik, Kunst, der Natur und
zu allen Wesen.
Mit der Liebe steht und fällt alles Leben. Durch sie erfahren wir, was
Schöpfung ist!"

„ Und wie sieht es mit der Stärke aus ?" , wollte er von mir wissen.
„ Nun, die Stärke zeichnet sich, wie schon im Beispiel des Baumes, durch
die Standfestigkeit aus. Aber ich merke schon, da gibt es noch
mehr, oder ?"
„ Im Baumbeispiel, wurde ja nur die Stärke gegenüber der Gesellschaft
aufgeführt. Aber, wie sieht es mit dem Umgang von Fehlern und Schäden
bei sich selbst aus? Sie zuzugeben und daran zu arbeiten, Frieden mit
anderen und vor allem mit sich selbst zu machen, auch Toleranz genannt,
ist die größte Herausforderung und zeugt von wahrer Stärke. Die eigene
Stärke nicht auszunutzen und nur für sich nutzbar zu machen, sondern für
alle einzusetzen, ist wahre Stärke.
Mit der Mutation der Sinnesorgane ist im unseren Fall, das extrem
ausgeprägte Gespür für Gerechtigkeit, das Empfinden von Mitgefühl und
Liebe gemeint.

Was gerecht oder ungerecht ist, lernen wir als Kinder von den Erwachsenen und vorgeschriebenen Gesetzen einer Gesellschaft. Ein Mensch hinterfragt, im Laufe seines Lebens, diese aber immer wieder, gibt sich nicht mit ihnen zufrieden. Denn auch Erwachsene und Gesetzgeber können sich irren, bzw. manche Gesetze haben ihre Gültigkeit, durch Weiterentwicklung, verloren und müssen angepasst werden.

Und doch akzeptiert ein Mensch andere Gerechtigkeitsempfinden und versucht, durch Dialog, andere zu überzeugen, bzw., lässt sich gegebenenfalls überzeugen.

Das Gleiche gilt für das Mitgefühl. Ein Mensch heuchelt nicht, er fühlt mit und nimmt sich Zeit für den Anderen und versucht zu helfen, selbst auf die Gefahr hin, unbequem zu erscheinen. Dies setzt aber auch ein Gerechtigkeitsempfinden und zu guter Letzt, das Gefühl von Liebe voraus.

Das alles macht den wahren Menschen aus.

Mag sein, dass ich noch etwas vergessen habe, aber niemand ist vollkommen. Das nenne ich menschlich!", dabei grinste er. Dann fügte er noch hinzu: „ Auch, wenn du vielleicht, durch immer schneller werdenden Digitalisierung, daran zweifelst und wir vielleicht, tatsächlich im Moment einen Rückschritt erleben, so wird der Mensch sich eines Tages doch durchsetzen. Vielleicht vergehen ja noch Millionen Jahre, bis es soweit ist. Die Evolution hat Zeit.

Wie schon gesagt, nicht das Äußere macht den Menschen aus!"

Dabei grinste er und auch ich musste dabei lachen, obwohl mir gerade eher zum Weinen zu Mute war.

„ Sei nicht traurig, sondern erfreue dich an die vielen Menschen, die es schon gibt. Es sind mehr als du glaubst. Du musst nur die Augen und ganz wichtig dein Herz öffnen!"

Inzwischen war es tiefste Nacht geworden. Und da wir kein Feuer hatten, ich hatte darauf bestanden, wickelten wir uns in unsere Schlafsäcke ein und schauten zu den Sternen hinauf.

Wenn man sich an die Dunkelheit gewöhnt hat, kann man ganz tief ins Weltall schauen.

Man erblickt Sterne, die man nie zuvor gesehen hat.
Der Eremit schaute erst mich, dann den Sternenhimmel an und sprach:
„ Siehst du, was ich meine?" und jetzt begriff ich.
„ Selbst, wenn es um uns herum dunkel scheint, sind um uns Lichter,
Millionen Lichter. Man muss nur die Augen und sein Herz öffnen.
Sich Zeit nehmen, sie wahrzunehmen."
„ Ja !" , sagte er. „ Sie leuchten schon seit Millionen Jahren und sie
werden noch strahlen, wenn wir nicht mehr sind. Manche Sterne sind
schon seit Millionen von Jahren erloschen und wir sehen noch immer ihr
Licht, so wie viele Menschen schon vor uns gingen, uns immer noch in
Erzählungen, Schriften und Bauten weiterhin leuchten.
Deine Kinder werden sie noch sehen und deine Enkel und und und..."

Und mit diesen Worten in den Ohren übermannte mich der Schlaf.
Ich träumte vom Sieg der Evolution, vom Erreichen des Zieles: Primat -
uns - und dem Menschen .
Wie ich im Museum vor der zeitlichen Abfolge der
Menschheitsgeschichte stehe. Erst der Affe, dann der aufrechte Gang, das
Benutzen von Werkzeugen, vom Jäger zum Bauern. Von der Steinzeit
zum Jetzt.
Und dann endlich – der Mensch...

Dann wurde ich wach. Keine Chance einen Blick mehr zu erhaschen von
meinem Traum, jetzt so nah am Ziel.
So ist es doch immer bei den schönen Träumen. Man träumt sie nie zu
Ende. So machte ich, enttäuscht, meine Augen auf.
Es dämmerte bereits. Leichte Nebelschleier hingen über den Bach.
Ich drehte mich um, blickte zum Eremiten, in der Hoffnung mit Kaffee
geweckt zu werden, doch sein Platz war verlassen.
Kein Schlafsack, kein Kleidungsstück, nichts von ihm war mehr zu sehen.
Ich rief nach ihm, doch es blieb stumm.
Seine Spuren waren fort, nichts erinnerte mehr an ihn.

Hatte ich mir das alles nur eingebildet, so wie den vorigen Tag mit den Feuerstellen?
Unsinn! Aber ich war doch sehr enttäuscht und verwirrt.
So packte ich meine Sachen zusammen. Ich wollte nur noch nach Hause.
Als ich meinen Schlafsack zusammenrollte, fand ich unter ihm, ein Buch.
Nicht ein Buch, sondern sein Buch, seine Bibel. Das konnte kein Zufall sein.
Ich schlug es auf und fand darin, nicht biblische Texte, sondern Texte von Menschen, die er wohl in seinem Leben traf: einen Bäcker, einen Tischler, eine Ärztin, eine Prostituierte, einen Fußballer und und und..und als letzten Eintrag, das ganze Gespräch mit einem Förster – mit mir.

Nun, ich weiß nicht, wie es Ihnen geht, aber mir hat es die Sprache verschlagen.
Ich weiß nicht, ob es Zufall war, das er mich, oder ich ihn gefunden habe.
Oder, ob er mich ausgewählt hat. Darauf kommt es wohl nicht an.
Das er dieses Buch, sein Buch, bei mir vergessen hat, ist wohl auch nicht anzunehmen.
Aber warum hat er es dagelassen?
Diese Frage dürfen Sie sich gerne selbst beantworten.
Eine Frage, über die es sich lohnt, nachzudenken.

Und wer weiß:
Vielleicht steht er, der Eremit, eines Tages, bei Ihnen vor der Tür, bzw. in Ihrem Leben...

Ich wünsche es Ihnen, auf jeden Fall, vom ganzen Herzen!

Ihr Förster Jörg

Held der Kindheit

Wenn Kinder die Schule verlassen, gibt es zum Abschied ein Fest.
Da werden Reden von Lehrerinnen und Lehrern, von
Klassensprecherinnen und Klassensprechern gehalten, es werden
die Elternvertreter/-innen für ihre gute Arbeit geehrt und dankend
mit Blumen, für die gute Zusammenarbeit, belohnt.
Alle sind voll des Lobes für den Jahrgang und es wird an die ein und
andere Anekdote gedacht.
Zwischendurch wird von der Schulband oder dem Chor etwas
vorgetragen. Fotos und Filmsequenzen von den Klassenfahrten und
Schulprojekten werden vorgeführt.
Es wird viel geklatscht und gelacht.
Das Wichtigste ist die Vergabe der Zeugnisse, die an die festlich
gekleideten, jungen Erwachsenden, zum Schluss, verteilt werden.
Von Stolz ergriffen, fließen dann, die ersten Tränen.
Tränen des Glücks, es endlich geschafft zu haben, Tränen der Angst, vor
dem, was kommt, Tränen des Abschieds von der Schulzeit, der Trennung
von den Mitschülern, des altgewohnten Lebens, der Jugend.
Und ist dann, das Offizielle vorbei, gibt es noch einen kleinen Umtrunk
und Cannabis – Entschuldigung! Kanapees.
So läuft es alle Jahre wieder.
Nur in diesem Jahr, darum schreibe ich es überhaupt, lief es doch etwas
anders. Allerdings wohl nur für mich.
Der Tag der Zeugnisvergabe für meine jüngste Tochter begann genauso,
wie schon oben beschrieben, nichts deutete auf eine Anomalie.
Die zu ehrenden Kinder, saßen hinten in der Aula, die Lehrkörper ganz
vorne und die Eltern und Familienangehörige dazwischen.
Ja und dann ging eigentlich das (mein) Drama auch schon los.
Es wird daher eine Kurzgeschichte.
Die Schulleiterin und der Oberstufenleiter hielten gemeinsam eine
Begrüßungsrede. Während dieser Rede kamen sie auf die Mottopartys zu
sprechen.
Wer von Ihnen nicht weiß, was eine Mottoparty ist, dem sei hierzu,
folgendes erklärt.

Bei den Mottopartys handelt es sich um Verkleidungsfeiern, die während der Prüfungszeit der Abiturienten, wahrscheinlich zu Entspannungszwecken, abgehalten werden.
Das Motto wird jeweils vorab benannt und die Jung-erwachsenen verkleiden sich dazu und haben wohl eine Menge Spaß. Es können bis zu fünf Partys abgehalten werden.
Die Themen umfassen zum Beispiel Kiez, Märchengestalten und dann wird sich halt als Zuhälter oder Aschenputtel verkleidet.
Ich glaube, das Ganze kommt aus den USA.
Zu meiner Zeit gab es das noch nicht und bei meinem Abitur, hätte mir auch nicht der Sinn nach solchen Feiern gestanden, da mein Abi noch längs nicht in der Tasche war.
Aber nun zurück zum Thema.
Die Schulleiterin kam also auf das Thema Mottopartys zu sprechen und erwähnte, das ein Thema ' Held der Kindheit ' hieß und sie hatte, dementsprechend, viele Menschen in Superman-, Spiderman- und Catwoman- Kostümen und andere bekannte Heldenfiguren gesehen.
Aber dann kam ihr eine junge Frau auf dem Schulhof entgegen, die eine grüne, befleckte Latzhose, einen zerschlissenen Pullover und Stiefel trug.
Man könnte meinen, Bob der Baumeister, aber eben nicht in blau.
Und als sie die Frau nach ihrem Helden befragte, der so gar nicht in das übliche Bild passte, antwortete diese:
„ Dies ist mein Vater. Er ist von Beruf Gärtner.
Er ist mein ' Held der Kindheit ' !"
Davon war die Schulleiterin so gerührt, das sie es unbedingt in ihrer Rede einfließen ließ.

Und mir liefen die Tränen, den Rest des Tages...
und auch jetzt, beim Schreiben.

Und wenn ich nicht gestorben bin, so fließen sie noch heute...

Danke, liebe Lotti

Wie die Insel Amrum

zu ihrem Namen kam

und

was der Pirat, Klaus Störtebeker,

damit zu tun hatte

Eine Geschichte zur ersten Klassenreise von Marie nach

Amrum

Wie Du weißt, ist die Insel Amrum eine nordfriesische Insel.
Dicht dabei liegt die fast kreisrunde Insel Föhr und nördlich von Amrum,
die Insel Sylt, ein langer Schlauch, der sich weit in den Norden erstreckt
und nahe an Dänemark grenzt. Ich finde, Sylt sieht von oben aus, wie ein
Seepferdchen.

Wenn im Herbst und Winter die Stürme aus Nord- Nordwest blasen, dann
wird jedes Jahr viel Sand von Sylt in Richtung Amrum und auch etwas
nach Föhr getragen. Auf diese Weise verändert sich das Aussehen der
Inseln jedes Jahr ein wenig.
Aber zwischen den Inseln, kann man heute und konnte man auch schon
früher, immer mit Schiffen fahren.

Einer, der schon vor hunderten von Jahren, hier mit seinem Schiff vorbei fuhr, war der berüchtigtste Seefahrer seiner Zeit, der Pirat : Klaus Störtebeker !

Solltest Du von ihm nie gehört haben, so erzähle ich Dir ein wenig über ihn.

Klaus, auch Claas Störtebeker, genannt, wurde 1360 geboren und ist wohl der berühmteste Pirat zu seiner Zeit gewesen und hat als solcher, die Schiffe der Kaufleute der Hansestädte überfallen und die Beute unter sich und seinen Leuten, gleichmäßig verteilt, weswegen sie sich auch ' Likedeeler ' nannten, was soviel heißt, wie Gleich- Verteiler.

Sie versteckten sich gerne in Hamburg, wo es früher viele Inseln in der Elbe gab.
Aber auch zwischen den Inseln in der Nordsee, hielten sie sich gerne auf.
Sie kaperten viele Schiffe in der Ost- und Nordsee, denn die Hanse hatte überall Städte. Von Holland bis nach Schweden und Dänemark. In manchen Städten steckt der Name Hanse mit drin.

Richtig:

Hansestadt Hamburg, Hansestadt Bremen, wo die Bremer Stadtmusikanten herkommen, die Hansestadt Lübeck, mit dem leckeren Lübecker Marzipan.

Und wenn die Seeräuber wieder einmal ein Schiff gekapert und viel Beute gemacht hatten, mussten sie ihre Beute auch verstecken.
Eines Tages hatten sie wohl ein Handelsschiff gekapert mit hunderten Fässern voll Rum. Den konnten sie wahrlich nicht auf einmal trinken, geschweige denn verteilen.
Und wie der Zufall es nun mal wollte, kamen sie zu einer Insel ohne Namen, denn die Insel und all die anderen Inseln, gab es auch erst nach der großen Sturmflut von 1362, (die, die: 'Grote Mandränke' genannt wurde), wo das Meer sehr viel Land und Menschen verschluckte.

Und dort vergruben sie ihren Rum in der Mitte der Insel.

Dann verwischten sie ihre Spuren, feierten und tranken einen kleinen Teil des Rum's.

Als sie am nächsten Morgen aufwachten, hatten sie alle einen dicken Kopf und glasige Augen, sodass sie , wie im Nebel, nicht klar sehen und denken konnten.

Käseweiß und noch ganz dun, bestiegen sie ihr Schiff, um wieder auf Kaperfahrt zu gehen.

Und jedes Mal, wenn sie durstend vom Norden in den Süden fuhren, oder umgekehrt, kamen sie immer an dieser Insel vorbei und sie sagten dann zu Störtebeker:
„ Käpt'n wir kommen wieder **am Rum** vorbei!"

Darauf musste Störtebeker natürlich Rücksicht nehmen. So wiederholte sich das Ritual mit den kleinen Trinkgelagen, jedes Mal, wenn sie dort vorbeikamen und Halt machten.

Störtebeker trug dann auf der Seekarte den Namen ein.

So also kam die Insel zu ihren Namen ' Amrum' und Du ahnst es, der Ort in der Mitte der Insel zu seinem Namen ' Nebel ' und der Schiffsanleger zu den Namen ' Wittdün '.

Das die Inseln Föhr und Sylt, ebenfalls ihre Namen von den Piraten erhielten ist anzunehmen.

Das die Crew, also Besatzung, in ihrem alkoholisierten Zustand, gerne mal im Kreis fuhr, (dat kümmt halt vör) oder dass die Piraten, um nach Amrum zu kommen, erst die Insel davör umfahren mussten und sie deswegen Föhr von ihnen genannt wurde, ist denkbar.

Ebenso ist es wahrscheinlich, das es, nach einem berauschten Landgang, bei der Weiterfahrt in Richtung Norden, zu Entzugserscheinungen (Nach- dürsten) bei einigen Piraten gekommen ist und diese sich vom Schiff, vor der Nachbarinsel, abseilten (Seilt = Sylt) und Sylt daher seinen Namen bekam.

Störtebeker selbst und seine Piraten, wurden 1401 gefangen genommen und bestraft.

Auf dessen Bestrafung beruht sein eigentlicher Bekanntheitsgrad, aber das ist etwas für größere Kinder und hat mit Amrum nichts zu tun.

Und meine Geschichte, finde ich eigentlich auch so viel schöner.

Ich hoffe, Du auch.

Nachwort

Wie ich schon am Anfang des Buches erwähnt habe, liegt mir Ihr Wohl sehr am Herzen.
Heine hat vieles geschrieben, was nicht bei jedem auf Wohlwollen stieß.
So wird es auch bei meinen Schriften sein.
Ich muss auch eingestehen, dass ich nur wenig von und über ihn gelesen habe.
Aber ein Zitat von ihm möchte ich mir noch aneignen:

' Ich bin kein Gelehrter, ich selber bin Volk ' !

(aus Heinrich Heine : Zur Geschichte der Religion und Philosophie in Deutschland)

Demokratie lebt vom Mitmachen, Mitmachen eines jeden einzelnen.
Aber der Mensch ist bequem (ich behaupte, sogar faul) und lässt sich lieber regieren.
Deswegen sind rechte Parteien und Autokratien wohl so beliebt. Das will ich aber nicht akzeptieren und möchte, mit diesem Buch, an alle appellieren gegen die eigene Bequemlichkeit anzukämpfen.

Nicht die Demokratie ist schwach,
sondern die Demokratie hat eine Schwäche : UNS !!!

Leben ist Kampf. Wahrhaft Leben, ist der Kampf mit sich selbst, gegen seine eigenen Stärken, wenn er sie missbraucht und vor allem gegen seine eigenen Schwächen.
Freiheit, Gleichheit, Brüderlichkeit, Toleranz und Humanität (Grundfeste der Freimaurer, die auch die Meinen sind), sollten uns alle zu eigen sein.

Kurz vor der Veröffentlichung dieses Buches, sind noch zwei nennenswerte Ereignisse eingetreten, die ich deshalb noch hinten anstellen muss.
Die Europawahl und das Hochwasser in Bayern und der gesamten Alpenregion.

100

Europawahl

Wer bestraft wen ?

Das habe ich mich nach der Europawahl gefragt.
Oder besser, ich frage alle Europäer:

Warum habt Ihr damals gegen das Nazi- Deutschland gekämpft ?
Warum wählt Ihr rechts, dann hätten wir uns die ganze Entnazifizierung
vor 80 Jahren ja schenken können ?

Sind wirklich die Flüchtlinge an allem Schuld ?

Erst sind es Kriegsflüchtlinge gewesen, dann Wirtschaftsflüchtlinge und
oder Klimaflüchtlinge, aber nun kommen noch Flüchtlinge aus ganz
Europa hinzu, wie Schwangere, die nicht mehr abtreiben dürfen,
Menschen aus der LGBTQIA+- Szene, die verfolgt werden, Ausländer,
religiöse Menschen, Behinderte, Journalisten, Oppositionelle,....

Und wann bist Du auf der Flucht ?

Wähle gerne rechts, das ist Dein gutes Recht, aber dann kannst Du Dir
auch bald die obige Frage stellen!

Nachtrag zu Deutschland ein Trauermärchen

Ach ist es schön zu sehen,
Wie die Bayern untergehen
Hat nicht Söder noch groß vor den Grünen gewarnt
Klimaterroristen sein sie, er selbst hat sie als solche enttarnt

Eine Verbotspartei, die nur noch schwarz will sehen,
Die die wirklichen Probleme der Bürger nicht will sehen
Doch nun sind die Probleme der Söder- Partei die Deinen
Da hilft jetzt kein Jammern und Weinen

Ihr Bürger habt es ja so gewollt
Die Fluten haben sich Eure Ignoranz geholt
Nun schaufelt schön und pumpt und wischt
Morgen werden die Unwetterkarten neu gemischt

Dann sind es nicht mehr die Nieder- sondern die Oberbayern
                                              die absaufen
Vielleicht will der Minister dann endlich Windstrom kaufen
Und die Grünen werden dann nicht mehr geschasst
Sondern in Bayern wieder ein gern gesehener Gast

Doch jetzt wird erst mal in den Urlaub geflogen
Das günstige Bahnticket aufgehoben
Dafür aber investiert in große E- Autos für die Overclass
Langsam macht das gegen Anschreiben keinen Spaß....

Ich werde es, wenn es so weitergeht, doch noch schaffen, so viele Reime
wie Heine zu verfassen.

Ihr Jörg Müffelmann

Jörg Müffelmann ist verheiratet und lebt mit seiner Frau und
den gemeinsamen Kindern in Hamburg.

Weitere Verse sind in Arbeit.
Es gibt noch so vieles zu sagen, bzw. zu schreiben.
Vielleicht lesen Sie mich bald wieder.

Bisher von mir erschienen

2019
BoD – Books on Demond

ISBN: 9783748144519